這樣的歷史課我可以

歐美近代史原來很有事2

吳宜蓉——著

全國專業
教育工作者
一致推薦

林鋮 中華民國遊戲教育協會主任講師

簡鈺珣 台中市立長億高中國文科教師・國文領域輔導員

蔡佩襄 台中市豐原國中歷史科教師

李雅雯 台中市至善國中地理科教師・Special教師獎得主

黃浩勳 台中市沙鹿國中國文科教師・教育部閱讀推手

周怡君 台中市黎明國中地理科教師

王君竹 台中市黎明國中地理科教師

陳岱均 台北市大安國中公民科教師・全國Super教師獎得主

林玟伶 台北市中正國中歷史科教師

何郁瑩 台北市內湖國中歷史科教師

陳鈺鄖 台北市龍山國中地理科教師

何文馨 台東市關山國中社會科教師

史蕙萍 台南市九份子國中小教務主任

楊雅婷 台南市崇明國中公民科教師

黃士賓 台南市大成國中公民科教師

賴錦慧 花蓮縣新城國中公民科老師

劉怡琴 屏東縣明正國中地理科教師

陳彥中 屏東縣明正國中歷史科教師

蕭素涵 屏東縣明正國中地理科教師

阮郁婷 屏東縣萬新國中地理科教師

彭心儀 苗栗縣三義高中公民科老師

楊雅婷 桃園市大有國中地理科教師・教育部師鐸獎得主

王文妤 桃園市大崙國中體育科老師・教育部體育績優教學傑出獎得主

林佳諭 桃園市中興國中木木老師・Special教師獎得主

謝若妍 桃園市永豐高中公民科教師

邱馨慧　桃園市大華中學歷史科教師

蘇健倫　桃園市壽山高中歷史教師．桃園市Super教師獎得主

何麗君　高雄市大社國中數學教師

蔡昭宏　高雄市大洲國中校長

楊澄祥　高雄市大寮國中地理科教師

何俊儀　高雄市中芸國中體育科教師

彭連煥　高雄市中正國小校長

邱婕歆　高雄市五福國中地理科教師．Special教師獎得主

石佩蓉　高雄市仁武高中音樂教師．全國Super教師獎得主

梁華蓁　高雄市六龜高中校長

黃永璋　高雄市右昌國中校長

陳純瑩　高雄市右昌國中美術科教師．全國Super教師獎得主

傅佳君　高雄市民族國小教師

蔡宜岑　高雄市民族國中學思達核心講師．夢的N次方國中社會總召．國中歷史教師

謝侑真　高雄市岡山國中國文科教師

鄭志昇　高雄市明華國中校長

邱育昶　高雄市明華國中地理科教師

莊雅惠　高雄市青年國中歷史科教師

蔡怡貞　高雄市青年國中歷史科教師

吳方葵　高雄市前金國中國文科教師

洪杏杰　高雄市苓雅國中校長

葉玫君　高雄市國昌國中教務主任

李思瑩　高雄市勝利國小資源班教師．島嶼的集體記憶推廣人

張永芬　高雄市陽明國中校長

徐志晴　高雄市陽明國中歷史科教師

林以婕　高雄市陽明國中歷史科教師

吳佩陵 高雄市陽明國中歷史科教師

王彥嵓 高雄市新上國小校長

賴秋江 高雄市新上國小教師・作家・未來教育Taiwan100得主

曾怡菁 高雄市楠梓國中綜合領域教師

郭莉芳 高雄市嘉興國中校長

黃火炎 高雄市旗津國中校長

辛靜玫 高雄市福誠高中綜合領域教師

陳宜君 高雄市鳳山高中歷史科教師

林宜家 高雄市鳳林國中校長

王慧君 高雄市鳳翔國中候用校長

陳玉婷 高雄市龍華國小教師

顏婉婷 基隆市立中山高中地理科教師

許純瑋 雲林縣二崙國中歷史科教師

張碩玲 雲林縣二崙國中總務主任

蔡佳真 新北市土城國中歷史科教師

孫菊君 新北市中和國中視覺藝術教師・新北市Super教師獎得主・作家

宋怡慧 新北市丹鳳高中圖書館主任・作家

施威同 新北市石碇高中歷史科教師

何信甫 新北市桃子腳國中小社會領域（歷史）教師

張素惠 新北市漳和國中教務主任

劉慧蘭 新北市鷺江國中歷史科教師・社會領域輔導員

洪敏勝 新竹市光復高中地理科教師

黃雅梅 新竹市竹光國中歷史科教師

胡君宜 新竹縣關西國中歷史科教師

楊恩慈 誠致教育基金會顧問

張曉黎 嘉義縣新塭國小教導主任・社會領域輔導員

謝菀阡 嘉義縣過溝國中地理科教師

謝逸帆 彰化縣田中高中歷史科教師

呂啟民 澎湖縣馬公國中公民科教師

【推薦序】

讓歷史的潮水進來

教育部師鐸獎得主／蔡淇華

從小學到外文系畢業，念了十幾年的歐美史，許多細節只剩下抽象的名詞。當歷史無法成為鑑古知今的素養，不禁痛覺過去的課堂歲月，是青春巨大的消磨與浪費。

大學時念荷馬史詩、念聖經，念英美文學，越想釐清希臘文明與宗教革命的歷史脈絡，越是治絲益棼，因為斯時學術用書，寫得很像告別式上的誄詞弔文，只能給你死者的模糊身影。是的，囿於字數，教科書常把歷史給寫死了。

幸好去年讀完《OSSO～歐美近代史原來很有事》後，我對歐美近代史的刻板印象完全改觀了。

作者吳宜蓉老師贏過師大文學院說歷史故事比賽第一名，是「故事：寫給所有人的歷史」專欄作家，所以講起歷史，充滿底氣與創意。她很聰明，懂得聚焦，知道歷史的核心是人性、是故事、是價值的選擇。所以她寫的每一篇歷史故事，都比小說更好看。

例如撲克牌上的四個國王，原來是指黑桃K大衛王、紅心K查理曼大帝、方塊K凱撒大帝，以及梅花K亞歷山大大帝。吳宜蓉老師將這四位震古鑠今的帝王故事，講得有料又有梗，所以讀完《OSSO～歐美近代史原來很有事》後，只覺得意猶未盡，也加入粉絲敲碗的行列。然後……耶！《這樣的歷史課我可以：歐美近代史原來很有事2》終於要出版了！

自己每年接到寫序的邀約不下五十本，但大多禮貌婉拒，但當收到「平安文化」《這樣的歷史課我可以：歐美近代史原來很有事2》的撰寫邀約時，我馬上秒回：「謝恩！我是吳宜蓉老師的鐵粉啊！」

拿到文字稿，我竟然一天內讀完，連吃飯、上廁所都貪婪地將視線留在書上。太好看了啦！看完後才知道，從十五世紀到十八世紀，在歐洲竟有八萬名涉嫌為女巫的罪犯被判處極刑，其中的「秤重法」，竟是因為當時的歐洲人認為女巫將靈魂賣給了撒旦，肉體少了靈魂的重量，又能騎著掃帚在空中飛行，所以體重一定比正常人類來得輕。因此當時會準備女巫之秤來鑑定案主。所以今日太瘦的女生，若生在彼時，可能會有生命危險。

第一集已經夠好看了，《這樣的歷史課我可以：歐美近代史原來很有事2》

又更好看了！真的只有吳宜蓉能超越吳宜蓉。吳老師在新書中，更大膽放手書寫，不僅文筆洗鍊，金句不斷，而且勇於提出觀點，與充滿人性關懷的歷史提問。例如吳老師在「獵巫」的文末，提出史料統計：被指控為「巫」者大多數為中老年人，寡婦及未婚女性的比例則遠高於已婚者，並且通常較窮困，因為她們常是社會的邊緣人。最後吳老師引用電影《女朋友。男朋友》中的金句：「一個人跳舞是造反，一群人跳舞是民意。」

「我們的社會好像不能理解一個人生活的魅力。」吳老師做出這千古的詰問後，更令人掩卷浩嘆，感覺歷史離自己又近了一點。

如果你到現在還搞不清楚八次十字軍東征的緣由？地理大發現的前因後果？馬丁．路德如何扮演嘴砲戰神掀起宗教改革？英國為何一定要脫歐？以及柏林危機時，美國如何實施驚人的空中快遞計畫，一年間飛行二十七萬七千七百二十八次，每天平均不到五分鐘就一架飛機外送Uber Eats，救活了二百五十萬西柏林人！那你一定要趕快翻開《這樣的歷史課我可以：歐美近代史原來很有事2》，讓歷史的潮水進來，你被禁錮的心才能出航。

祝福每一位讀者和我一樣，在一趟時空旅行後，懂得歷史中人性的可愛與可怕，也更容易在世紀疫情中，找到時間的理解，與自己幸福的位置。

【推薦序】

教學要吸睛不是看一招一式，而是那一字一句

注意力設計師／**曾培祐**

我從小就熱愛說故事，為了聽到更多故事，我還就讀了師大歷史系，結果就在系上遇到說故事大神：吳宜蓉。

會說故事不稀奇，能把艱深的道理、生硬的歷史，說到讓人以為在聽故事，那才是非常稀奇，這就是宜蓉學姐！

你看，她講女巫的這一段：「因天氣受阻，無法順利帶妹子回國的詹姆士六世感到震怒，認為一切都是女巫搞的鬼。」等一下，妹……妹子，有多少老師會這樣用字，但就因為這樣的講述方式，讓學生聽得如癡如醉，一不小心，生硬的歷史知識，竟然已經被挾帶進了大腦裡！

真的！隨手一翻都讓人眼睛一亮，像這一段：「想想如此屈辱又不堪的審訊過程，就會覺得其實容嬤嬤對紫薇還算仁慈了。」什麼紫薇，我不是在聽女巫

的歷史嗎？哪來的紫薇呀！這真的是神來一筆耶！但這對宜蓉學姐來說，卻是每天的上課日常啊。

我常常在企業上課，或到學校和老師進行教師研習，分享教學吸睛技巧，我深知教學要吸睛不是看一招一式，而是那一字一句，有沒有用學生熟悉的用語，有沒有用學生熟悉的比喻，那才是吸睛的關鍵，也才是教學的底蘊。

這是一本長知識、增加聊天話題的有趣故事書，超適合推薦給學生看。如果你是老師，我也誠摯推薦你這本書，想把生硬的課本知識，讓學生聽到津津有味——怎麼做？方法宜蓉老師都寫在書裡了。我從書中學了好幾招，你不打包幾招用在課堂上，那就真是太可惜了！

【自序】

假如讓我寫下去

我在完成第一本書《OSSO～歐美近代史原來很有事》的前後，都一直認為我就是一片歌手。

對，我只想當一片歌手。畢竟人生，能出版過一本書，已是成就解鎖。然後，我就要回去繼續好好教我的歷史課，好好跟我的中二學生們糾纏不清，好好完成我的博士論文。

我是這樣想的啦！結果，不知道是中了哪來的邪術，讓我又掉進了第二本書的坑。

可能是我太想要跟每個人分享我的歷史課了！如果我曾經只能在教室對著台下的學生上課，一本書的出版能讓我瞬間超越物理距離，連結到全世界。

也可能是我終於找到深藏在我肉體裡那宅氣沖天的靈魂。寫作的過程，我可以合理地在週休二日拒絕任何的人際往來，安靜地在書房跟Word檔消磨一整天。

決定投入第二本書的寫作最有可能的原因或許是：我的腦波天生弱，而編輯發現了這一點。我其實一點都不擅長拒絕人，只要朋友向我開口，我就很容易赴湯蹈火。

這些可能看似充斥著各種矛盾。

畢竟我是一個那麼喜歡教學舞台的小巨星，為什麼會成為閉關自守的寫作宅？明明我有著冷漠到一接起詐騙電話就會秒掛斷，還會暗恨對方耽誤了我人生一秒鐘的壞脾氣，卻無法推拒這本折騰我大半年時間的作品，同時還默默帶有定期定額交書稿的抖M體質。

其實不意外，這很歷史。

希特勒自律甚嚴，早睡早起，不菸不酒，甚至還吃素。但他發動二戰，撕毀《凡爾賽條約》，設置集中營屠戮百萬平民，比歷史上的任何人都還失控。邱吉爾則是個喜歡熬夜、酗酒，成天叼著雪茄的老菸槍，然而在二戰期間英國最黑暗的時刻，是他永不妥協的堅強意志領導英國從黎明迎向曙光。

我向來不喜歡歷史教科書的隻字片語，它把人性過於簡化柔焦，它讓事件異常平板無趣。裝配著課本的知識前行，難道接下來我們遇到的人生課題都會是選擇題？還印好了A、B、C、D四個選項供我們挑選嗎？這太諷刺，就好像人類活著，注定是一場平凡和庸碌。

所以，我想試著說說那些歷史課本重大事件背後的弔詭與無奈，我想試著聊聊那些歷史人物心中的徬徨與糾結。

生活很難，我知道。於是每一個困難的過去，我都帶著對生命的熱愛去書寫，期盼閱讀這本書的你能感受到。

謝謝平安文化的照顧與協助，讓我有完成第二本書的可能。謝謝一直前進的我自己，有機會在寫作的巨大孤獨裡更認識自己。

最後，我想要把這本書獻給我的學生們：不管你們畢業多久，宜蓉的歷史課希望可以一直陪著你。

目錄

1

你都如何讀歷史，帶著笑或是很沉默？

2

打開課本，有沒有人能讓你不寂寞？

番外篇—學校沒教的動物史

PART 1

你都如何讀歷史，帶著笑或是很沉默？

1

是上帝還是鄉民的法槌？歐洲獵巫潮

她騎上木頭製的交通工具，上面塗抹著能飛行的藥膏，是由平日裡謀殺嬰孩所取下的脂肪製成的。在月黑風高的夜裡，她啟程前往秘密基地，在那裡與各地飛來的同行們相會，眾人與魔鬼撒旦開起了多人運動派對。

她是個壞壞，她讓你家的牛奶發酸、奶油凍結；她令你家的牲畜生病、農作物枯萎；她使得天氣潮溼陰冷，甚至可以召喚瘟疫毀滅一整個村莊！

她是女巫，她是魔鬼撒旦的同路人！她非凡巨大的邪惡超過了所有上帝所能容忍的罪惡！燒毀！統統燒毀！只要可得證她為女巫的「事實」，不管是誰，統統都要燒毀！

從十五世紀到十八世紀，三百年間，在歐洲有多達八萬名涉嫌為女巫的罪犯被判處極刑，吊死或被綁上木樁焚燒進行處決。面對這時期大量的女巫審判，我們稱之為歐洲的獵巫潮（Witch-hunt）。

女巫審判：這才叫做恐龍法官

一五四三年的丹麥，有一位商人之妻，名叫吉德．斯潘德瑪姬（Gyde Spandemage）的婦女被指控施放咒語，導致丹麥軍艦追逐荷蘭艦隊時風向吹錯邊。在遭受酷刑逼供後，吉德承認她施行巫術，被活活焚燒而死。

一五八九年，蘇格蘭國王詹姆士六世（James VI）乘船前往哥本哈根，迎娶他的新娘丹麥公主安妮。回國的航程遇到了暴風雨，難以成行，只能滯留在丹麥，雨一直下，氣氛絕對不算融洽。

詹姆士六世

因天氣受阻，無法順利帶妹子回國的詹姆士六世感到震怒，認為一切都是女巫搞的鬼。他逮捕了七十個嫌疑犯進行嚴格的審判，其中一位名叫安娜．科金斯（Anna Koldings）的婦女，在酷刑中承認自己曾派出魔鬼爬上載有國王夫婦船隻的龍骨。一五九〇年，安娜和其他十二名女巫共犯被燒死在火刑柱上。

克卜勒

果然，人若無照天理，天就不照甲子！風為什麼吹那個方向？雨為什麼要一直下？都已經幾月了，為什麼天氣還那麼熱，一定都是女巫惹的禍。

在德國，星空的立法者——克卜勒（Johannes Kepler），就算能用理性勾勒出現代天文學的系統，也躲不開當時獵巫潮感性的狂熱。一六一五年，克卜勒六十八歲的母親卡塔琳娜（Katharina）被鄰居指控她下咒使人生病，並利用巫術將自己變成貓來去自如。

儘管卡塔琳娜從未被正式定罪，但關於她是否有施行巫術的調查持續了六年，其中有十四個月的時間她被囚禁在牢房中以求認罪。克卜勒在整個調查過程中堅定地捍衛母親，讓卡塔琳娜最終得以獲釋，不過長期的折騰使她身心俱疲，六個月後即離開人世。

在這些女巫審判中，法官們任意地使用各種假設和荒誕離奇的證據進行調查與判決。

根據上帝的指示，有幾種屢試不爽的方式可以用來證明犯人是女巫，簡單粗暴，但絕對有效。

一、水驗法

法官會將嫌犯綁在大石頭上，扔進河流或湖泊，如果犯人能夠漂浮在水面上，那就證明她擁有撒旦的魔力，此人絕對是女巫。接下來我們就要代替上帝懲罰妳，等著被燒死吧！活該！

如果嫌犯因此沉入水裡，那很好，代表妳的清白將隨著妳的身體不斷下沉而昭告天下。因為在基督教信仰中，水是用於洗禮的聖潔之物。妳沉下去了，代表上帝接納了妳，一路好走，順風不送。

二、針刺法

當時的人們相信撒旦會在女巫身上留下「魔鬼標記」，刺了不痛，也不會流血。「魔鬼標記」可能會是身體的突出物、斑點、疤痕……甚至是肉眼難以辨

火刑中的女巫

女巫的「水驗法」：浮起來，證明妳有撒旦的魔力；沉下去，代表上帝接納了妳。

識的記號。因此嫌犯會被剝去身上所有衣物，一絲不掛地暴露在審訊者面前，並任由他們花幾個小時的時間，用針刺遍全身的各個部位。如果被找到一個不會感到疼痛的部位，就會被判定為女巫。

想想如此屈辱不堪又痛苦的審訊過程，就會覺得其實容嬤嬤對紫薇還算仁慈了。

三、秤重法

女巫將靈魂賣給了撒旦，肉體少了靈魂的重量，又能騎著掃帚在空中飛行，體重一定比正常人類來得輕。因此當時還會準備特製的女巫之秤，鑑定案主是否清白。一五四五年神聖羅馬帝國的皇帝查理五世（Karl V）欽定位於荷蘭的小鎮奧德瓦特（Oudewater）擁有歐洲唯一能正確鑑定嫌犯身分的女巫之秤。

今天這個歷史文物還保留在當地的女巫之秤博物館，想驗明正身的人們可以去試試看。博物館會替超過四十五公斤的女性提供「非女巫證明書」。為了不要被燒死，你可以安慰自己：減肥永遠是明天的事。

這些調（ㄒㄧㄥˊ）查（ㄑㄧㄡˊ）方法在現代人的眼光看起來既荒謬又殘酷，但對於當時的審訊人員來說再正常不過了。他們面對的可是疑似「女巫」的嫌犯啊！十七世紀英格蘭著名的女巫獵人馬修．霍普金斯（Matthew Hopkins），經常採用不讓嫌犯睡覺的疲勞轟炸刑訊法。他的理由是：「假如女巫醒著便可以施展法術召喚精靈鬼怪前來幫助她，剝奪女巫的睡眠能有效減弱其魔力，才能盡快地使她順服，就像馴服野馬和野鷹一樣。」

惡名昭彰的獵巫攻略手冊《女巫之槌》（Malleus Maleficarum），該書問世後，有人說這是一本關於巫術研究的「權威著作」，也有人說這是「世界文獻中最惡毒的野蠻之作」。無論如何，在《女巫之槌》書中反覆地強調動用酷刑之必要！畢竟，女巫背後可是有撒旦的力量在撐腰，千萬不可以心軟，一定要持續嚴厲地折磨她，我們必須高舉上帝的法槌，用力地擊倒撒旦主義的高牆。

是厭女還是厭邊緣人？

「老師，我有問題！為什麼講獵巫潮，我們一路看下來卻只談女巫呢？難道男性沒辦法學會巫術嗎？哈利波特跟鄧不利多只能出現在小說嗎？」

Matthew Hopkins Witch Finder Generall
Holt
My Imps names are
1 Ilemauzar
2 Pyewackett
Jarmara
3 Pecke in the Crowne
4 Griezzell Greedigutt
Sacke & Sugar
Newes
Vinegar tom

女巫獵人——馬修・霍普金斯

在整個歐洲三百年的獵巫潮中，八成以上的受刑者皆是女性，男性面對使用巫術的指控，通常是因為他們與被指控的女子有某種聯繫，是女巫的丈夫或兄弟。

男人沒有錯，錯在他們被女人帶壞了！畢竟《聖經》已經提醒過大家了，亞當之所以被逐出伊甸園，是因為聽信了夏娃的讒言，吃下了使他們犯罪的蘋果。唉，女人總是比較容易受到魔鬼的誘惑。

於是《女巫之槌》寫道：「由於智力上的缺陷，女人更容易背棄信仰。由於情感上的放任無度，女人總想方設法醞釀報復他人的手段，要嘛通過巫術，要嘛通過其他手段……女人天生不服管教，總是隨心所欲、意氣用事、毫無理性，只需觀察女人的裝扮、儀態和行為習慣，便知女人乃是無以復加的虛榮動物。」「巫術均源自淫欲，而女人總是淫欲無度。女人乃友誼的仇敵、不能逃避的懲罰、無法擺脫的罪惡、令人心馳神往的災難、家庭內部的危險品、可口的毒劑。」在傳統的基督教信仰社會，女性應當生養子嗣，扮起管理家庭生活的賢慧角色，並柔順地臣服於她的丈夫。如果一個女人稍微特立獨行了一點，稍微具備了一點自己的想法，那肯定有問題。

女人應當安分守己，扮演好自己應為的角色職責。她不可以不結婚，長期

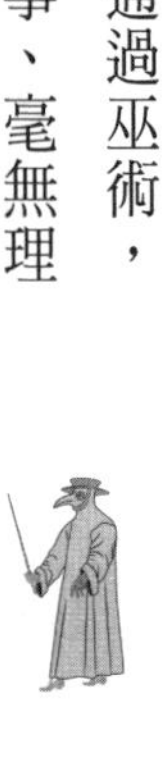

單身就意味著她可能將自己敬獻給撒旦。她不可以不對婚姻守貞，婚內出軌表示她的靈魂已被撒旦引誘。她不可以太富有，女人的一切只須倚賴丈夫，過多的所得就透露著女人有與撒旦交易的可能。她也不可以完全沒有錢，口袋空空就暗示著說這女人恐怕是把錢都拿去孝敬給撒旦了。

難怪莎士比亞寫下：「脆弱啊，你的名字叫女人。」

人生好難，當女人更難。

不盡早結婚不行，因為「女生年紀越大越沒價值」，將淪為大齡剩女。這樣偏頗的言論在當今台灣社會仍是不少人的主流價值觀，在十五至十八世紀的歐洲，不結婚的女子還真的是社會邊緣人，如此「異類」當然有更大機會是邪門歪道，有著與撒旦做朋友的可能。

的確，二十世紀研究獵巫的學者歸納出：被指控為女巫者，許多人的身分都是孤、獨、寡、貧，越是邊緣人越容易被指控為犯罪者。

根據統計，被指控為「巫」者大多數為中老年人，五十歲以上的「巫」通常占總數的一半以上。共有七五％以上為女巫，寡婦及未婚女性的比例則遠高於已婚者，並且通常較窮困。

電影《女朋友。男朋友》中說：「一個人跳舞是造反，一群人跳舞是民

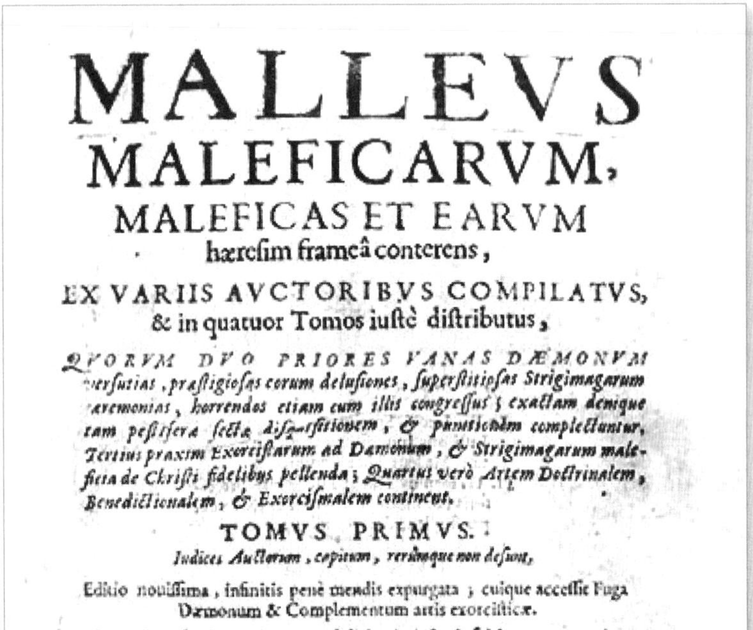

MALLEVS MALEFICARVM, MALEFICAS ET EARVM hæresim frameâ conterens,

EX VARIIS AVCTORIBVS COMPILATVS, & in quatuor Tomos iustè distributus,

QVORVM DVO PRIORES VANAS DÆMONVM versutias, præstigiosas eorum delusiones, superstitiosas Strigimagarum cæremonias, horrendos etiam cum illis congressus; exactam denique tam pestiferæ sectæ disquisitionem, & punitionem complectuntur. Tertius praxim Exorcistarum ad Dæmonum, & Strigimagarum maleficia de Christi fidelibus pellenda; Quartus verò Artem Doctrinalem, Benedictionalem, & Exorcismalem continent.

TOMVS PRIMVS.

Indices Auctorum, capitum, rerùmque non desunt.

Editio nouissima, infinitis penè mendis expurgata; cuique accessit Fuga Dæmonum & Complementum artis exorcisticæ.

Vir siue mulier, in quibus Pythonicus, vel diuinationis fuerit spiritus, morte moriatur; Leuitici cap. 10.

LVGDVNI,

Sumptibus CLAVDII BOVRGEAT, sub signo Mercurij Galli.

M. DC. LXIX.

CVM PRIVILEGIO REGIS.

《女巫之槌》

意。」我們的社會好像不能理解一個人生活的魅力。

網路曾廣為流傳一張「國際孤獨等級表」，將一個人的生活行為分成十級，包含：一個人逛超市、一個人吃餐廳、一個人看電影、一個人唱KTV……似乎在提醒我們：你只能活在人群裡一起喧譁鼓譟，不須懂得自己照顧好自己。

畢竟在人類的進化史上，我們大多過著群居生活以降低被攻擊的風險，與他人保持聯繫與友善互動是一種生存機制。因此我們若在日常生活中遇到「孤、獨、寡、貧」的個體戶，內心很容易浮現排斥感，並進而將他們與不好的事情連結在一起。所謂人窮吃草，人醜性騷擾，一個邊緣人難得走出戶外都容易被誤會成跟蹤狂。

古代由於沒有網際網路，若再沒有與社會建立一定的社交連結，一個無勢可援的人，最容易成為有心人狙擊的目標。在當時的歐洲，即便當事人經濟富足，出身高貴，然而若她身為一個女人，在沒有丈夫、兄弟或兒子，卻繼承豐厚家產的情況下，那隨之而來的可能是各種騷擾，包括被指控為女巫的無情審判。因為無論審判結果如何，只要一啟動調查，就可以輕易摧毀一個女人的名譽，若是審判成立，她的財產就將被沒收或瓜分。

打擊一個人太簡單，貼上女巫標籤就好！

獵巫潮時代的悲哀是，你無法成為你自己。這世界量身訂做好了你的社會角色，你只能走上屬於你的舞台，成為觀眾想看到的模樣。

你不要拒絕！乖！聽上帝的話。

宗教改革之戰：我才是最厲害的女巫獵人

為什麼會在近代歐洲出現這波獵巫潮，一直以來有各種莫衷一是的討論，有學者認為在中世紀後期，歐洲進入一個長期動盪不安的社會狀態，有戰爭、有饑荒、有瘟疫。獵巫潮的三百年間，歐洲正值小冰河期，阿爾卑斯山冰河向前推進，歐洲北部夏季潮溼，冬季極度寒冷。由於氣候的變異相當大，各地農作物經常歉收，導致歐洲經濟波動性高，大大動搖了過去一向穩定的農村社會。

從一個安穩互信的社會轉向一個起伏難安的新時代，人們普遍缺乏安全感，躁動的情緒成了日常。一遇上災變或意外，就疑神疑鬼認為是誰在做怪。我們需要一個活生生的替罪羔羊！如果能找到一個真實存在的女巫將之定罪，並處以殘酷的火刑，似乎那把火，也能把我們內心的焦慮多疑給燒盡！

又或者是宗教改革帶來的影響。原本在基督教信仰下，全歐洲只有一家公

司代表上帝跟撒旦對抗，叫做羅馬公教（天主教）。但在一五一七年馬丁．路德燃起宗教改革的大火後，一切都不一樣了。有路德教派、有喀爾文教派……等，好多新的公司同時提供救贖的服務，宗教市場的競爭進入了戰國時代。

經濟學家雅各．羅斯（Jacob W. Russ）認為：「要贏得人們的支持，沒有比激發對外部威脅的恐懼更好的方法了，然後乘勢承諾，我們保證將提供您和每一個人最佳的保護。」

撒旦壞壞，女巫壞壞，但不要怕！我們會保護你們。透過狩獵女巫，這些教派通過展示其與撒旦的鬥爭才能，成為吸引和撫慰群眾的主要服務。

所以，不意外！女巫審判的案例多數集中在今日的德國、瑞士和法國東北部一帶，正巧就是宗教改革最波濤洶湧的起源地。（馬丁．路德活動在日耳曼地區等於今天德國、喀爾文出生於法國北部，主要在瑞士日內瓦一帶傳教。）

我想抓到最多的怪，告訴你我才是最值得信任的戰士。我想獵捕最多的女巫，告訴你我才是最值得信仰的教派。

至於怪物可不可惡、女巫該不該死，好像可以不是那麼重要的事，對嗎？

你能在上帝面前發誓，被針刺都不會痛，是吧？

2

是上帝借給你的勇氣嗎？十字軍東征

十字軍東征（The Crusades）是一場戰爭嗎？還是一趟旅行？

是為了捍衛信仰的聖地而出發，還是為了個人永生的救贖而前進？

這些問題，如果讓我們回到中古時代的歐洲訪問那些參與者，每個人都有不同的答案。

一群擁有歧異動機的人們，湊合在一起往十字軍東征的共同目標前行，彼此的眼中，各自嚮往不同的天空。過程中的紛紛擾擾，各種光怪陸離的脫序行為，也就一點都不奇怪了。

你到底要去哪裡？

我們需要好好談談一點也不十字軍東征的十字軍東征。

第一次十字軍東征——安條克之圍

前進聖地，盡情揮霍你們的崇拜

十字軍東征用最簡化的方式來說，可視為基督徒和穆斯林在西元一〇九六年至一二九一年間發生的多次宗教戰爭。造成衝突的原因主要是為了爭奪聖地耶路撒冷的控制權。

耶路撒冷有什麼好爭的？這裡是地球上最神聖的城市！有三個宗教都將這裡視為是一生懸命必去的聖地。

對於古老的猶太教來說，耶路撒冷是那個傳說中擊殺巨人歌利亞的偉大男子大衛王統治下的以色列王國首都。神人大衛王的兒子——那位懷著寶藏號稱地表上最富裕的所羅門王，在此地蓋了座獻給耶和華的聖殿。聖殿多次毀壞又重建，最後一次整修好時，於西元七十年被羅馬大軍夷為平地。耶路撒冷城被攻陷，大火將聖殿焚毀，

背著十字架的耶穌

只殘留西側一小段城牆，以色列王國覆滅，猶太人從此開始千年的流亡。西牆，從此又稱哭牆，是故國僅存的遺址，是猶太人用來哀悼他們流離失所的命運所在，是猶太教徒最能靠近歷史與耶和華的存在。

對於基督教來說，神之子耶穌為人類受盡苦難的折磨，從被審判定罪到背上沉重的十字架前往刑場遊街示眾，這一切偉大的犧牲都在耶路撒冷發生。在這條苦路（Via Dolorosa）上，神子駝背彎曲的肉體好幾次承受不住刑具的重量而踉蹌跌倒，直至耶穌被釘上十字架、死亡下葬到復活，每個讓基督徒心碎難受的場景都真實地發生在這裡。今天依然有很多信徒會特地前來耶路撒冷舊城區，沿著指標一站又一站地尋找，彷彿陪著祂一起背上十字架，感受那不可承受之重。藉由走過苦路深刻體驗耶穌之死，祈求自己能成為耶穌基督謙卑的同行者。

耶路撒冷的苦路

至於伊斯蘭教呢，不是有麥加聖地了嗎？怎麼耶路撒冷也與穆斯林有關係？據說是這樣的：先知穆罕默德有一天在麥加的卡巴聖壇小睡時，忽然被天使加百列召喚，騎著天馬一路飛到耶路撒冷，穆罕默德在耶路撒冷遇到許多位先知，祂們一同禮拜禱告一同討論真主大道。此時，眼前忽然出現了一道天梯，穆罕默德沿著天梯一路向上爬，總共登上七重天。在天堂，祂遇見了耶穌，見到了摩西，最終獲得真主阿拉的親授指點。這一趟從麥加飛行至耶路撒冷的旅程被穆斯林稱為「夜行登霄」，穆罕默德藉由往來兩座城市間的經歷得到真主的啟示，也從此確立了耶路撒冷在伊斯蘭教的聖城地位。

身為三大宗教聖地的耶路撒冷，獲得你的信仰、他的青睞，每個人都渴望占領的姿態。無奈的是，有些人希望有我存在就沒有你的存在，大家爭到瘋了恨了，都不管了！於是一場長達百餘年的衝突就要開始了。

出發‥是誰借給你們的勇氣？

中世紀的伊斯蘭帝國是當時世界上最強大的國家，東邊將曾是天可汗的中國唐朝打趴，取得中亞霸主的領導權；西側則從西班牙越過庇里牛斯山，一路殺到法國中部去。於是在八世紀時，阿拉伯人已占有橫跨歐亞非的巨大帝國版圖。到了十一世紀，穆斯林的當家領班換人做做看，由塞爾柱土耳其人大致繼承阿拉伯帝國在中東發展的勢力，其中轄下的領土就包括聖地中的聖地：耶路撒冷。

在阿拉伯人統治的伊斯蘭帝國時代，統治者處理宗教問題的態度向來寬容，對待非穆斯林的宗教保持尊重與接納，讓不同於穆斯林的文化依然能在穆斯林的統治下自在地生活與發展。不過，後來的當家塞爾柱土耳其人則相對嚴格，對於轄下土地的非穆斯林族群管控較為龜毛細瑣。

新增的許多規定，除了讓大家抱怨新的統治者毛怎麼那麼多之外，更是讓許多要前往耶路撒冷的朝聖者煩惱倍增。不安之下，流言蜚語傳來傳去：「是不是根本不准我們去朝聖啊？」「我們基督徒去朝聖是不是會被穆斯林殺掉啊？」「塞爾柱土耳其人到底會不會統治啊？懂不懂得尊重人啊？」

面對信徒對於朝聖的擔心不安及憤怒不滿，基督教老大哥發聲了。

羅馬教宗烏爾班二世（Pope Urban II）在一〇九五年為了號召信徒奪回聖地，發表了很燃的演說：「讓我們投入一場神聖的戰爭吧！一場為上帝而戰並重獲聖地的偉大征途！讓一切爭辯和傾軋休止，一起登上赴聖地的戰鬥吧！從那個邪惡的族群手中奪回聖地吧！」

教宗烏爾班二世

欸～等等……不要這麼衝動就出發啊！耶路撒冷不是在你家巷口好嗎？如果從西歐的中心巴黎前往耶路撒冷，有著四千多公里的路程呢！當時沒有客運沒有火車，更沒有高鐵、飛機，請問你要走多久？我用Google Map幫忙算好了，不眠不休的話要走上八百一十三個小時（大約三十四天左右）才會到達。再來，這可是教宗號召為上帝的義務之

教宗烏爾班二世的東征號召

戰，你若自願從軍，上帝並不會幫你買單，請一切自費喔！

想想現代人穿越歐亞大陸的自助旅行可能要花多少錢？這麼一大群人，一路上的費用到底怎麼支應得起呢？並且，大家真的不要忘記，此行一去是要打仗的。對手是曾打下橫跨歐亞非三洲領土、作戰經驗豐富的穆斯林，對手是新興的勢力——從中亞打到中東無敵手的塞爾柱土耳其人。到底是誰借給你們的勇氣上路啊？

肯定不是唱〈勇氣〉唱了二十年的梁靜茹，而是想發大財的渴望！想上天堂的期望！這趟不顧一切的啟程，全是上帝借給你們的勇氣。

掠奪是會呼吸的痛

「東方是那麼的富有，金子、香料、胡椒俯身可拾，我們為什麼還要在這裡坐以待斃呢？」

——教宗烏爾班二世（Pope Urban II）

教宗這段話激起了很多窮苦人家的想像：如果我們已經窮到吃土，那麼是不是到東方生活會好一點？

教宗本來期待這場聖戰應該由具有戰鬥能力的騎士與貴族來發起，但事實上參加第一次十字軍東征的小夥伴們有不少人是農民、是貧民。他們上路時攜家帶眷，行李大包小包，看起來完全不像是要去打仗，反而更像是舉家移民到東方新天地。

一路上，這群雜牌軍為了搜索食物和各種生活補給品四處攻擊：搶錢、搶糧、搶娘們。在《聖經》裡出賣耶穌的猶太人，做為一個背叛基督的異教徒，更成了優先掠奪的主要對象，許多猶太社區成了十字軍打家劫舍的首要選擇。

其中，第四次十字軍東征更是充分展現——十字軍東征有一部分是在宗教旗幟掩蓋下所開展的利益交換行徑。

事情是這樣的：當時富到流油的威尼斯共和國答應提供第四次十字軍遠征的戰爭開銷與船艦建造，但威尼斯人從來不是熱愛公益的慈善家。他們算了算價錢後，無商不奸的威尼斯人說：「先借你們錢沒問題。但請你們之後務必還錢！將來打下多少土地，還要記得分一半給我們哦。」

於是接下來的十字軍東征變成一趟邊打仗邊還債之旅。為了還錢給威尼斯，十字軍似乎忘了自己原本的目標在哪裡？哪裡有錢我就打哪裡！十字軍首先攻擊了匈牙利的港口城市札拉（Zara），但這裡可是一個虔誠的基督教小鎮耶！

進入君士坦丁堡的十字軍

基督徒何苦為難基督徒?!

接下來路線更是偏離軌道。欠威尼斯錢的壓力大概比失去聖地來得大！十字軍居然直接轉向，全力進攻拜占庭帝國的首都——君士坦丁堡，這場突如其來的侵略，十字軍的燒殺擄掠持續了三天三夜。做為一個參與第四次十字軍的騎士兼歷史學者維爾阿杜安（Geoffrey of Villehardouin）這樣記錄著：「金子、銀子、器皿、寶石錦繡、絲綢毛皮禮服、松鼠皮，以及世界上所能找到的最上等的每樣東西……自從世界誕生以來，沒有誰能在哪個城市獲得如此之多的戰利品。」

信仰東正教的拜占庭帝國被打得一頭霧水，最接近東方穆斯林的他們，曾經寫信向本是同根生的基督教兄弟羅馬教宗求援，要求基督徒團結起來對抗外侮！沒想到相煎何太急，居然自己人打自己人，拜占庭被攻擊得完全傻眼貓咪。而十字軍們彷彿沒感覺到自己做了什麼錯事，意氣風發地帶走滿滿戰利品，一部分拿去還錢，一部分塞進自己的口袋。「嗯！果然教宗說得沒錯，去到東方就可以賺大錢呢，啾咪~」

第四次十字軍東征從未到達耶路撒冷，最大的受害者反而是拜占庭帝國，首都被占領大肆掠奪，被基督兄弟背叛的難過，存在君士坦丁堡每個角落，連沉默都痛。最大的得利者也非十字軍，而是威尼斯共和國。這群商人透過討債要

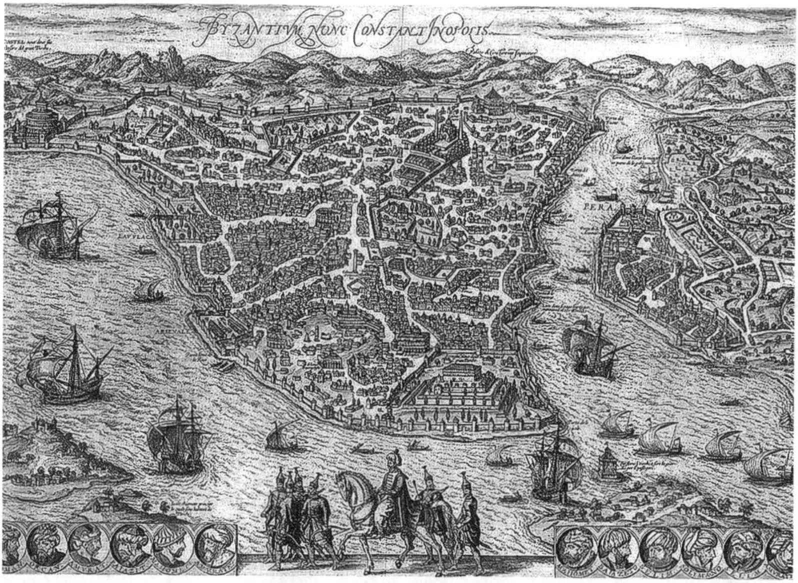

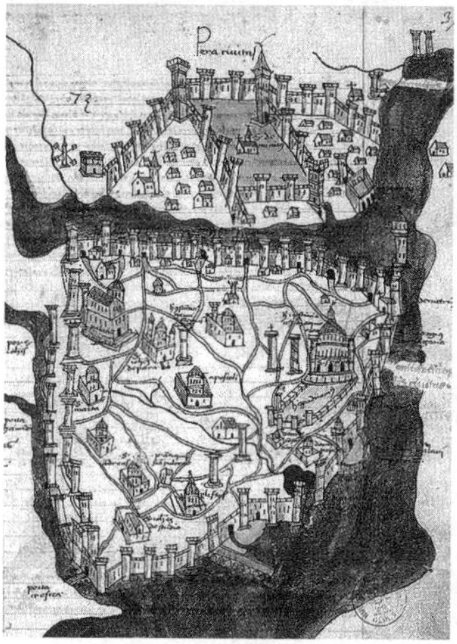

君士坦丁堡

錢，用借刀殺人之計，讓十字軍打擊了威尼斯港的競爭對手——札拉城。拜占庭帝國的慘敗，則讓威尼斯人乘機取得拜占庭領土。威尼斯就這樣藉由贊助十字軍東征，進而成為控制地中海貿易的絕對霸主。

說好的為上帝而戰呢？

聖戰，讓我的靈魂如此沸騰

「本著主賜予我的權柄，我鄭重宣布：凡參加東征的人，他們死後的靈魂將直接升入天堂，不必在煉獄中經受煎熬；無力償還債務的農民和城市的貧民，可免付欠債利息，出征超過一年的可免納賦稅。凡動身前往的人，假如在途中，不論在陸地或海上，或在反異教徒的戰爭中失去生命的，他們的罪愆將在那一瞬間獲得赦免，並得到天國永不朽滅的榮耀。」

——教宗烏爾班二世（Pope Urban II）

然而，十字軍東征得以持續上百年，發動多次大規模戰爭，召喚大批人爭先恐後地投入參與，扣除對於世俗利益的嚮往，這其中仍有著信徒對於永生救贖的渴求。

做為一個騎士，生來必須戰鬥，為了榮譽而戰，為了上帝而戰。於是我一面高聲讚美神，一面手中揮著利劍前行。即使看來矛盾，卻是那個時代騎士的正義。

做為一個窮人甚或犯罪者，可能我生來低賤，終身無法高貴，但若我參加戰爭，我將被赦免。當我寧願捨棄生命也不願背棄基督，甚至因為戰場上的勇毅而承受死亡，我就能成為一位殉教者（martyr），成就靈魂的高尚。

於是，我們每個人的靈魂，在這趟征途中如此沸騰。為所愛的人，不敢想不敢問，有一天壞的可能……就算面對耶路撒冷到底在哪裡，有太多茫然；儘管過程中有太多貪婪，讓曾經崇高的理想變質為殘暴的行徑。以神為名，似乎什麼都可以容忍。

畢竟前往聖地的神聖目的，能讓一切卑鄙的手段終歸於正當。

有時候信仰是偏執的，越投入越是偏執的，我們只能提醒自己：還有良善可以選擇。

3

是發現還是悲劇？
地理大發現

十五世紀中葉到十六世紀中葉，大約在這一百年間，不管是國王還是平民、學者或水手，每個人都曾相信讓國家強盛的征途就是星辰大海。

十四世紀末，曾經掌控歐亞大陸的大蒙古帝國瓦解了，前往東方的陸路貿易變得危險重重。中亞地區長期處於政治混亂，常有埋伏的強盜不定期出沒，襲擊搶劫往來的商旅。

俗話說得好：「山不轉，路轉；路不轉，人轉。」那拐個彎走海路到東方可以嗎？

可以的，如果你想走熱門的路線，有著明確的指標途徑，就一定要通過古老的地中海航道。不過有些機會，不是屬於你的。地中海雙雄——鄂圖曼土耳其人與威尼斯人早就握有強大的主場優勢，坐等著收過路費狠狠地敲你一筆。

沒有關係，畢竟那是個「只要你懂海，海就

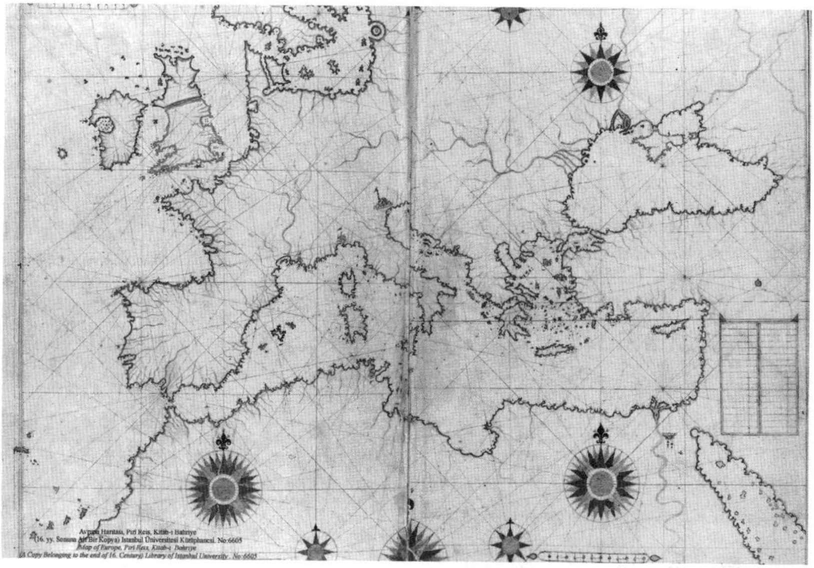

大航海時代的歐洲地圖（16世紀）

會幫助你」的時代。做為地中海的邊緣人，雖然控制不了地中海，但我們還有大西洋啊！

感覺對了我要出發，用大西洋沿岸的步伐，告別所有舊的想法，別害怕新航道，你怕了嗎？還懷疑嗎？前往東方的冒險就要啟航！

想到達東方現在就要啟程：葡萄牙

大航海時代首家航海學校上線啦～想到達東方，現在就要啟程！地理大發現的起點就在葡萄牙。

今天的葡萄牙在歐洲是又小又窮的代表，除了足球明星C羅與蛋撻，一般大眾可能就別無所知。但十五世紀的葡萄牙可是領先全球，在那個沒有Google導航的時代，葡萄牙人就敢勇闖天涯海角，從歐洲邊緣人快速蛻變為第一代的海上霸主。

關於葡萄牙突飛猛進的崛起要感謝一個王子。他自己不太出海，但他比誰都清楚「只要你懂海，海就會幫助你」。他就是被稱為「航海者」的

亨利王子

亨利王子（Infante D. Henrique，一三九四～一四六〇）。

他創辦了世界上第一所航海學校，邀請一票歐洲各國的數學家、天文學家、地圖繪製家，共同研討遠洋航行的方案，改進與製作新的航海儀器與地圖，並有系統地積極栽培能夠進行遠洋航行的水手們。在學校旁邊他建造了一座天文台，蒐集氣象、信風、海流、潮位等航海必備的資料，以便做出更精確的航程規劃。亨利，果然是領先時代的巨人啊！在大航海時代就懂得大數據的重要！

在亨利王子率領的研究團隊努力下，葡萄牙做為陸地的盡頭、海洋的起

點，很快地開發出一種能夠縱橫大西洋的船隻——卡拉維爾帆船。它輕便好操作，擁有強大的逆風航行力，橫帆時則可以高速航行，而且龍骨較淺，適合用於沿岸及河川的深入探索。

靠著卡拉維爾帆船在海上的來去自如，亨利王子用一次次的航行遠征打臉了各種迷信與謠言。對於當時的人們來說，神秘陌生的大西洋藏著太多未知的危險，大西洋有著猙獰的海怪、巨大的漩渦、灼熱的太陽與沸騰的海水，任何試圖冒險靠近的人都將死於非命。

可是亨利王子所派遣的船隊，從大西洋沿著非洲沿岸一路探險，每次帶回來的不是夢魘或心碎，而是錢、錢、錢！隨著非洲沿岸土地一塊又一塊地成了葡萄牙的殖民地，黃金、象牙、香料、奴隸也跟著源源而來。每趟帶著未知出航的冒險征途，回程時刻總能滿載豐收財富。像今日的非洲國家迦納，它的沿岸被稱為黃金海岸，是因為在地理大發現時，葡萄牙在此地每年平均運出了黃金四百一十公斤。

卡拉維爾帆船

黃金高價，而知識更是無價。大量的探險次數，累積豐厚的航行經驗，葡萄牙人在船隻設計與航海技術方面，因此徹底領先歐洲群雄，成為貨真價實的航海王！透過實際出海所勘查到的不少圖資，在亨利王子去世時，葡萄牙的水手已經發現了大約二千四百公里的非洲海岸線，並將其中一部分繪製成地圖。地理大發現時代，葡萄牙的地圖就是當時全球最精確的地圖，是各國政治間諜搶著要的寶貴情資。正所謂知識就是力量，有導航就能發大財啊！

為了獨占大西洋操盤手地位的葡萄牙，只好頒布了一道皇家法令：嚴禁非洲沿岸的航海路線圖流通。

葡萄牙的水手們後來去到了連亨利王子都不敢想像的大海，他們從非洲沿岸，繞過了最南端的好望角，一路到達了印度。前往遠東後占領了麻六甲，又跨個大步來到中國，取得在澳門居住與通商的權利。「據說」還曾路過當時梅花鹿滿地跑的台灣，情不自禁地喊了聲「Ilha Formosa」，葡萄牙隨後被歷史學家認證為第一個「世界貿易者」。

別人恐懼時我貪婪，水手，上船囉！率先出航的葡萄牙，享有一世紀獨屬於自己的偉大航道！

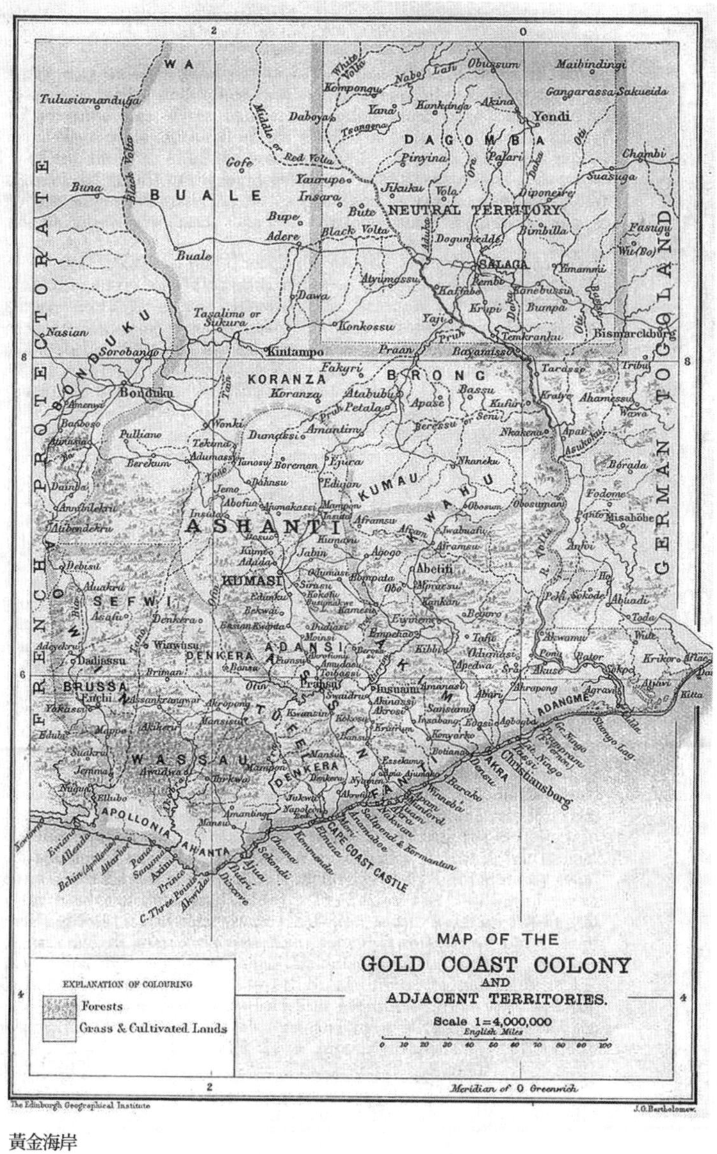
MAP OF THE
GOLD COAST COLONY
AND
ADJACENT TERRITORIES.
Scale 1=4,000,000
English Miles
EXPLANATION OF COLOURING
Forests
Grass & Cultivated Lands
Meridian of 0 Greenwich
The Edinburgh Geographical Institute
J.G.Bartholomew.
FRENCH PROTECTORATE
GERMAN TOGOLAND
WA
BUALE
DAGOMBA
NEUTRAL TERRITORY
SALAGA
Yendi
Kintampo
KORANZA
BRONG
BONDUKU
ASHANTI
KUMASI
KUMAU
KWAHU
SEFWI
ADANSI
DENKERA
BRUSSA
WASSAU
APOLLONIA
AHANTA
CAPE COAST CASTLE
AKRA
Christiansburg
ADANGME
Bismarckburg

黃金海岸

地球是圓的，但大圓小圓差很多

領到第一張船票的葡萄牙，在歷史上有點缺乏存在感的原因，主要是因為後來都被討論哥倫布的留言給洗版了。

很會刷聲量的哥倫布（Christopher Columbus，一四五一～一五〇六），出生在義大利，十多歲的時候就上船工作，過起了海海人生。曾經前往葡萄牙的里斯本，在全世界最先進的航海之城學習天文學、製圖學與遠洋航行的操控技術。他佩服葡萄牙的探險家能夠沿著西非海岸一路向南繞過好望角到達東方。但是哥倫布覺得自己更聰明，為什麼非得繞著非洲大陸才能前進東方啊？直接向西航行穿過大西洋，不就得了！

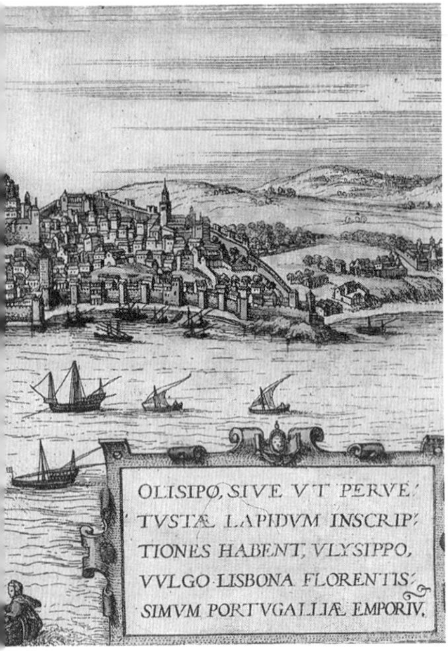
OLISIPO, SIVE VT PERVE:
TVSTÆ LAPIDVM INSCRIP:
TIONES HABENT, VLYSIPPO,
VVLGO LISBONA FLORENTIS:
SIMVM PORTVGALLIÆ EMPORIV.

歐洲到亞洲，就是這麼簡單！

地球確實是圓的，哥倫布的邏輯正確無誤。只不過他的

港城——里斯本

腦洞開得過大，他把地球想得太小了！歐洲到亞洲，要繞很大很大很大有夠大的一圈！

這位搞不清楚狀況的天真航海家興致勃勃地跑去跟葡萄牙王室報告他向西航行穿越大西洋的計畫，期盼能得到葡萄牙的支持與贊助。

哥倫布你沒有那麼懂海，但葡萄牙真的很懂。

憑藉著領先世界的航海知識與技術，葡萄牙相信西渡大西洋是能夠到達東方啦，但絕對不會是捷徑。此去必經年，荒野寒暑換紅顏，哥倫布你只是想騙我錢！

雖沒拐到葡萄牙贊助，但有另外一個潘仔金主西班牙上鉤了。

哥倫布確實是幸運兒，原本他以為從歐洲到亞洲只要不到五千公里的航行距離，就可以抵達。但事實上，要持續向西航行兩萬五千公里以上才有機會摸到亞洲的邊。若不是中間卡著一個美洲，哥倫布與他的夥伴們，早就因為他的誤判而全船登出人生了。

葡萄牙因為太懂海洋，而錯過哥倫布。西班牙沒那麼懂海洋，反而賺到「新大陸」。

是英雄，也是反派！統統都是哥倫布啦！

我從海上來，帶回航海的二十二顆星，
你問我航海的事兒，我仰天笑了。

——鄭愁予〈如霧起時〉

我從歷史系來，帶回哥倫布的一百種看法，
你問我哥倫布的定位，歷史老師也只能呵呵笑了。

有人說哥倫布的航行，是一段愛與夢想的故事，我說你偶像劇看太多。有人說哥倫布的存在就是帝國主義邪惡的姿態，我說你肯定是個憤青吧！

哥倫布一定有他帶著夢想與勇氣的熱血性格，才會用盡三寸不爛之舌，來回奔走各國，只為了拉到業配，說服贊助商支持他乘風破浪的冒險旅途。你願意為了你的夢想奔波多少歲月？為了要西渡大西洋，哥倫布花十多年的時間不斷在歐洲各國遊走，歷經多少拒絕，才在一四九二年獲得西班牙的資助。

這十多年期間，支持哥倫布的是什麼？是對航海的熱情啊。

但如果我們以為只有熱情的話，那就太傻太天真啦！哥倫布又不是慈善家，他出海可不是為了愛與和平好嗎？在哥倫布與西班牙的協議中，西班牙授封哥倫布為貴族，並授予他「大西洋海軍上將」勳位，更允許他擔任未來新發現島嶼和陸地的總督；新發現土地的收入百分之十可歸他所有，他也能參與所有新土地上的商業活動與投資，利潤可占總額的八分之一。當然，這一切一切的前提就是：哥倫布必須成功。

在哥倫布心中，為了夢想所持有的熱情是有的，為了實現夢想後所帶來的巨大利益肯定也是有的。所以他毅然決然地出發了，先後成功橫渡大西洋四次，到達包含巴哈馬群島、古巴、海地、牙買加、波多黎各以及中南美洲的沿岸地區。成為那個成功征服「新世界」的男人，也成為那個破壞「新世界」的爛人。

在那個工業科技尚未發達的年代，哥倫布從歐洲觀點出發，當然可以是一位冒險英雄，他有著技術與熱忱，才能靈活地使用著木製帆船完成四度海上的遠征探險，幫助西班牙占領了大量殖民地，並帶來獨占的新航路與新領土，為國家取得龐大的經濟利益。在他以後，歐洲人對美洲大陸進行持續的探索和開發，獲得新世界各種令人驚喜的食物與牲畜，從此改變了世界的面貌。

但站在美洲原住民的觀點來看，他絕對是位嗜殺殘暴的侵略者。他瞧不起美洲的文明，恣意地殺害當地的原住民，占領他們的土地開墾成西班牙人投資的農田，許多土著被賣為奴隸，有的甚至被帶回歐洲當作展示品供遊客「欣賞」。美洲大陸土地上的金銀財寶大量被搜括運回歐洲進獻西班牙的國庫，然而哥倫布一群人回報給美洲的則是從歐洲帶來的天花、傷寒、流感等疾病，造成完全缺乏這些疾病免疫力的原住民毀滅性地大量死亡。

印第安文明的迅速崩潰，即來自哥倫布的造訪。

哥倫布

是發現，還是悲劇？

十月的第二個星期一是哥倫布日，它是美國的聯邦法定假日，一開始設置這個節日，是想藉由哥倫布的「發現」，強調新大陸的與眾不同，用來擺脫英國的殖民文化，打造出專屬於美國的國家認同感。也由於哥倫布出生在義大利，義大利裔的美國人特別喜歡這個日子，不少大城市都會固定在這天舉辦遊行，沿路會有許多義大利裔居民展現傳統的文化習俗，是一個能凝聚義大利裔族群力量的節日。

不過，它同時也是一個撕裂印第安族群情感的日子。有一些州根本不承認這個聯邦假日，他們完全不認同哥倫布「發現」了上頭早已居住了將近一億人口的美洲。

美國印第安人運動組織曾經發表聲明：「我們不能忍受哥倫布日！以遊行、節日及其他慶典來彰顯哥倫布和他的功績，是我們所不能忍受的。身為這塊土地的原住民，我們不能也不會縱容慶祝我們種族滅絕的社會及政治慶典。對於善良的人來說，哥倫布抵達美洲是重新檢討過去，為後世子孫修訂歷史記載的最佳時機。」

哥倫布的出現絕對不是一件值得慶祝的好事，既然要反省歷史，有些州就把哥倫布日改做為「原住民日」。

地理大發現到底是發現，還是悲劇？哥倫布到底是浪漫冒險的航海家，還是個殘暴不仁的劫掠者？哥倫布日到底要慶祝，還是抗議？

這幾題會不會太左右為難？

小孩子才做選擇啦！歷史本來就是人的故事。問問自己能理解自己嗎？人，就是那麼複雜的生物，就別想著給哥倫布貼上固定的標籤了。

4

理性Duke
一起訂閱啟蒙運動的Channel

西元二〇〇〇年，一名婦人在英國曼徹斯特的聖瑪莉醫院誕下了一對連體嬰，她們的脊椎與下腹部連在一起，共享一顆心臟與一組肺葉。兩個嬰兒分別叫做裘蒂與瑪莉。

根據醫師的專業判斷，兩個孩子的狀態若不進行手術分割，她們會在半年內夭折。然而，心臟偏向裘蒂那側，她是相對強壯的那個孩子，只要能盡快進行切割手術，雖然瑪莉會立刻死亡，但裘蒂應能順利存活。

但是這名婦人與她的先生皆是虔誠的基督徒，相信上帝自有最好的安排，他們願意接受順其自然的可能，絕不插手命運的決定。

醫生認為這有違他們的職業道德，他們應該盡可能地拯救有存活可能的裘蒂，於是一狀告上法庭，要求法院准許他們在違背父母意願下進行分割手術。

你支持做分割手術嗎？誰有權利決定瑪莉的死亡呢？

你的孩子可不可以是你的孩子？誰可以為裘蒂與瑪莉做決定？是父母還是醫生呢？

也許你有你的答案，也許你還沒有答案，但這些問題到底是否可能有個唯一的正確答案呢？

伽利略

十七世紀的伽利略和牛頓透過觀察與實驗，發現自然的結構與作用，從中導出事物的因果，歸納出一些普遍法則，成就了天才的世紀。十八世紀啟蒙運動的信徒相信自然科學做得到，社會科學也一定行。只要我們努力運用理性思考，不要受到傳統與權威的限制，我們絕對可以更理解人類社會，更懂得宇宙的真理！我們一定會找到最好的答案來解決人類現在遇到的問題，所以接下來歡迎訂閱啟蒙運動理性Duke的Channel，幫助你找回屬於你的理性。只要開啟小鈴鐺，理性Duke會教會你找出人的行為法則，盡可能找到每一個社會問題的正解。

啟蒙是為了做自己的主人

「無知的人民只有成為騙子玩物的分，這些騙子有時候哄哄人民，有時候壓榨人民，把人民當成自己的工具，為了追求自己的利益犧牲人民，在所不惜。」

——孔多塞（Condorcet，一七四三～一七九四）

一五九四年，伽利略讀了哥白尼的《天體運行論》，開始對「日心說」產生興趣。後來為了證明哥白尼的觀點是否為真，伽利略從荷蘭的眼鏡製造商獲得靈感，將一根長管子的兩端各裝入一枚鏡片，舉向天空。科學家之眼沒有看到嫦娥與玉兔，只看到凹凸不平的月球表面。月球絕非如當時權威教廷所形容般是「完美的球形天體」。然後伽利略又看到不該看的東西了，他的科學家之眼讓他清楚看見了有四顆衛星繞著木星運轉，這清楚證明了並非所有的天體都繞著地球轉，可以有力地支持哥白尼的「日心說」，但也狠狠打臉了基督教會向來所持的「地心說」。

哥白尼

從亞里斯多德將「地心說」建立起完整體系後，整個歐洲世界有一千四百年都相信這樣的宇宙觀。上帝以祂的形象創造了人類，而人類身為萬物之靈，所生活的地球肯定就是宇宙的中心，太陽、月亮、金木水火土存在的意義就是為我而轉啊，伽利略你這樣叫我怎麼教小孩啦！QQ

一六一六年，教會公開宣布哥白尼就是錯！伽利略你幫他說話也是錯！你們跟我們教會唱反調就是不對，什麼科學家咧才不是呢！你們統統都腦殘！在當時只要宣傳或是公開談論哥白尼的學說，就會受到監禁處分。

一六三三年，伽利略六十九歲那一年，他來到羅馬梵蒂岡的宗教法庭接受審判。審判整整持續了將近半年，最終伽利略被定罪，他被判有強烈的異端嫌疑，必須「發誓放棄、詛咒並厭棄」他提出的觀察與所有發表的學術文章。這個年近古稀的老人，後來被終身軟禁在家中黯然地離世。

錯誤說上一百遍就會變成真理嗎？不會。但要勇於承認錯誤還真的得花個數百年時間。一九九二年，教宗若望保祿二世才代表教廷發表聲明，承認基督教會對伽利略在科學上的錯誤判決。

大家真的不要小看教會的力量，在歷史上不可否認地，基督教會在經典抄錄與轉譯保存上，對於延續人類知識做出了偉大的貢獻。但同時教會也將知識視為禁臠，教會壟斷了所有的知識，霸占了知識的獨家解釋權，不讓一般人民有思考的機會，任何違反基督教義的理論都會被教會宣判為異端邪說、暗黑巫術、無稽之談，進而加以摧毀禁絕。即使你是偉大的伽利略也不例外。

啟蒙運動想要打破人們對教會、對於所有權威的盲從。過去人們有太多不經思考的相信，久而久之就變成一種迷信，讓整個社會處於一種蒙昧無知的狀態，讓這些教會、國王們輕易主宰著且任意地擺布人們，成為這個社會最容易被犧牲的玩物。我們必須讓理性發光，彰顯生而為人的自由自在。我們必須努力思辨，才能成為自身命運的主人。

人的科學：我們一定要努力照亮這個時代啊！

「我們只是通過上帝對萬物最聰明、巧妙的安排才對上帝有所認識……我們在不同時間、不同地點看到的所有自然事物，只可能發源於一個必然存在的上帝的思想和意志。」

——牛頓（Isaac Newton，一六四三～一七二七）

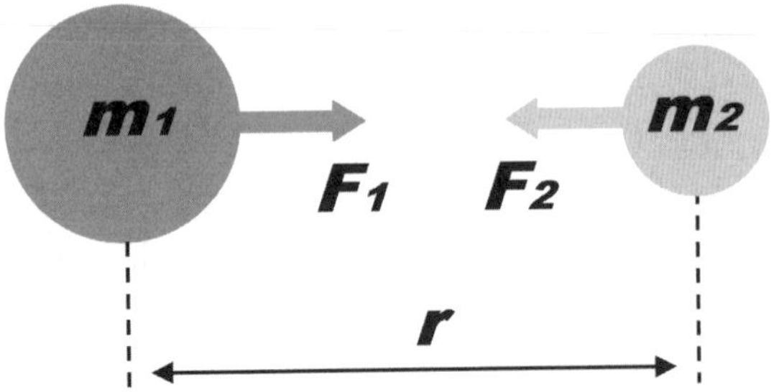

$$F_1 = F_2 = G\,\frac{m_1 \times m_2}{r^2}$$

十七世紀物理學的巨人牛頓透過觀察與推理，提出了三大運動定律，再從這三大運動定律，參考實際的數據，並藉由邏輯綿密的思考，推理出重力是一種吸引力，且重力與距離的平方成反比、重力與質量乘積成正比。這些描述最終濃縮成一條簡約單純的數學公式（上圖）。

這也就是我們所熟悉的萬有引力定律，透過這條公式，我們得以推知地球的質量，還能進一步掌握月亮、太陽以及行星星系的天體運行規則。

牛頓精采的推理與歸納告訴我們：宇宙不難，找到公式就能解釋它。大自然的運作看似變幻莫測，但只要我們發揮人類的理性與智識，就能從中找到其背後運作的規律。

人類有比宇宙複雜嗎？不可能嘛！

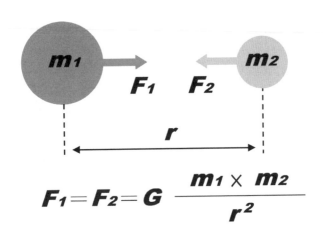

啟蒙運動的理性Duke們相信人類的行為背後肯定也是由一些普遍性的原則所主導，愛有愛的規律，傷心有傷心的步驟，憤怒也是有憤怒的標準作業程序。人類會笑會哭，然而人類的喜怒哀樂所有情感絕非任意地產生，一定也是依循著某些確切的規律在運轉著吧！

人類就是必須擁有這些共同的規律與法則，我們才有一定的標準，掌握如何不讓對方生氣、難過，才能夠相處共融，組成一個社會呀！我們該有這個社會大家普遍認為「美」的標準，才能夠判斷哪些是藝術作品，哪些不是。我們該有這個社會大家普遍認同「善」的標準，才能夠釐清哪些是合乎道德的行為，哪些行為則不被允許。

牛頓

啟蒙運動的代表人物洛克（John Locke，一六三二～一七〇四）的代表作《人類理解論》（An Essay Concerning

Human Understanding）就是一本在研究人的論文。洛克相信上帝創造人有其目的，祂期待人類可以做到哪些事以及不能做哪些事。我們必然有能力去履行上帝要求我們做的事。為此，上帝賦予了人類「自然之光」：讓我們有能力不依賴他人的幫助，可以憑藉著一己之力得到某些確實存在的真理或知識。

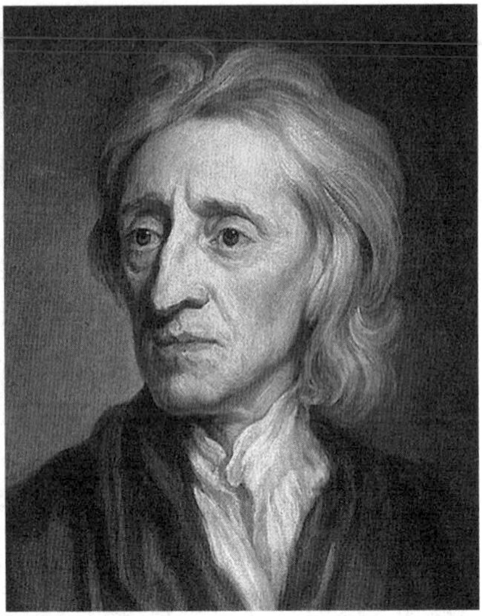

洛克

我們來到這個世界上一定有其意義，我們不能白白浪費上帝給我們人類的理性天賦，我們一定要努力求真、求知，用理性照亮這個時代啊！

理性讓我們嚮往更好的生活方式

讓我們回到一開始裘蒂和瑪莉的案例吧，你認為誰可以為裘蒂與瑪莉做決定？

我在自己的課堂中曾經帶著學生一起討論過這個案例，如果你是法官，要站在醫生還是父母那邊？一開始幾乎全班都認同父母的決定。

學生：「老師，要尊重她們爸媽的意見啊，那是他們生的啊！」

我反問：「所以，如果今天你的爸媽看著你生病了很虛弱，決定生死有命，放你等死，拒絕就醫，你也接受囉？」

學生：「……」

親權至上的親子關係價值其實潛伏在東方文化已久，當我們試圖挑戰主流價值，在討論的過程確實有著一些拉鋸與焦慮。

在歷史上，最終法院判准手術執行，裘蒂確實存活下來了，瑪莉則在手術成功時離世。

支持醫生的決定背後有著渴望盡力拯救最多生命的普世價值。支持父母的決定除了親權的主張外，也有著兩個孩子的生命同樣神聖的想法，動了手術就好像殺害了瑪莉，所以我們也不捨。有的學生告訴我，如果裘蒂長大以後，知道瑪莉因她而死，可能也會帶著罪惡感生活，一生愧疚。

自然科學處理的是客體的「物質」，所以可以整理出相對簡單、清楚、普遍適用的規則、定律。但社會科學處理的是人的問題。人的確有些共同性，但好像有更多特殊性。儘管只要隨意寫一段話，最後加上這句「像極了愛情」，就能創造出各式各樣看似合理的詩篇。但每一段情感關係看似大同小異，對當事人來說卻有著屬於自身獨一無二的掛記。

學生跟我一起討論完案例後，很誠懇地告訴我：「老師，人類有太多不同的思想，就算是大部分人都認同的事，也會有少部分人不認同。這個社會很難都照著一個公式走。」

啟蒙運動的思想家已經很努力了，洛克提出了天賦人權，宣稱政府的職責是保護人民的生命、自由和財產等權利，若這個政府做不到，甚至反過來侵犯到人民的權利，人民有權另立新的政府。然而，究竟政府有沒有權利剝奪人民的生命權，廢死不廢死，至今在台灣與其他國家仍是具爭議性的話題。

孟德斯鳩則系統地提出三權分立原則，他認為權力分離的形式包括行政、司法、立法的分立，將有助於解決一些在政治制度可能出現的問題，如果由同一個人或團體同時掌有這三種權力，將會造成災難性的後果。但是，即便是實施三權分立的美國，仍不免有黨爭、內耗、利益集團左右立法行政的批評與弊端。中華民國的國父孫中山則是覺得三權還不夠，五權分立才足以保障權能區分。

也許人真的比宇宙還複雜，理性Duke們是太樂觀了點。可能窮盡一生，我們也找不到生命真正的答案，社會問題終究沒有一個完美的解方，但啟蒙運動的積極讓我們多少看到了哪裡有光，那就是：透過教育的普及，試圖讓人們有著獨立自主的思考能力，鼓勵我們勇敢地運用理性做出基於智識的判斷與抉擇。當知識可以共享後，權威就不是唯一，我們可以透過對話討論，推理分析社會中各式各樣的情境與現象，進而思考什麼是我們更嚮往的生活方式。

你可以不認同我，我可以不認同你，這都無損於我們的努力。身處在努力找出最適合我們理想生存形式的時代，就算答案沒有唯一，啟蒙運動的理性之光，依然閃耀美麗。

孟德斯鳩

5

西風壓倒東風
無敵星星工業革命吃起來

「西方憑什麼？」

當西方的機器齒輪轉動，蒸汽在真空中冷凝，活塞推進汽缸，馬達轟隆作響，工廠將熔鑄鋼鐵的濃煙用力噴向天空。

東方，還在放空。

十八世紀從英國開始的工業革命，決定了接下來百年西方壓倒東方的局勢。

這是西方文明史上吃了無敵星星的超級逆轉勝！

在政治方面，東方早在西元前二二一年，就有秦始皇統一六國，創造強而有力的中央集權大帝國！西方許多地區的政府組織則依舊是一盤散沙。

今天以德國為主的中歐地帶，直到十八世紀，依然是由數百個小小的公國、侯國、自治城市、教會領地等所組合而成的鬆散集合體。就算有個酷炫的國名，還是被嘴：「既不神聖，又不羅馬，更不帝國。」

經濟方面，阿拉伯人靠著獨攬生意的歐亞貿易航道虐爆所有對手。中世紀時，便有位於巴格達的銀行總部承擔保障，只要商人帶著核發的支票，來到西班牙、摩洛哥等分行都能輕易地兌換現金，形成講求信用契約的現代金融體系。中國則是在北宋時期因應市場規模的擴大、頻繁交易的需求下，發明出世界最早的紙幣「交子」。歐洲最早的紙幣則要等六百多年後，才會出現在十七世紀的瑞典。

科技方面，唐朝時，一群喜歡嗑藥的煉丹家，在調出長生不老藥前，先把自己炸一波，弄出最早的火藥。阿拉伯人則是認為活那麼久做什麼，錢錢這個酷東西我們更需要！於是一群煉金術士們透過蒸餾、分離等手法，得到最早的硫酸，還能配置出王水。點石未必成金，但保證化學絕對能考高標！

當時的穆斯林工程師還懂得利用潮汐、水力、風力帶動初級工業，讓中世紀的阿拉伯帝國得於統治範圍內開設不少工廠！長不出「科技樹」的歐洲人只能苦追著超時代的阿拉伯人，在背後偷學一點是一點。譬如造紙工廠：西元八世紀中葉，阿拉伯人打敗唐朝，抓了一票中國士兵學到造紙術後，就在中亞設立一座造紙工廠，但直到十三世紀歐洲才在西班牙有了第一間造紙工廠。而我們應該都

東西方的製紙匠

認識一個人叫蔡倫，他早在一千一百年前，就發明出可以普及的造紙術工藝。

所以，到底「西方怎麼了？」，工業革命這顆無敵星星到底外掛開多大，為什麼能讓歐洲人威能全開，從此實力超展開，進而輾壓全世界？

生產井噴的時代：當機器取代人力

十八世紀中葉，整個歐洲的人口大約一億兩千萬左右，而同時期的中國人口已經突破兩億。

做為一種動力，人口是重要的國家資源。有很多人，就得以動員大量勞動力來蓋長城、挖運河。可是，人會累，需要休息，需要睡覺。人有脾氣有個性，會偷懶，會任性，會因為工作量太多、太辛苦，長期累積下來一個崩潰就各種「母湯」。

做為一種動力，人類確實挺麻煩的。

不過，人多就是任性！以擁有大量人口的中國來說，人力成本極為低廉，勞力資源跟免洗筷一樣，可以用過就丟，累壞一批人就換下一批。對於生產機器的效能改良，相對興趣缺缺。

再來，當所有中國最頂尖的人力，終其一生都把腦力梭哈在四書五經的研讀上，日日夜夜都在思考怎麼實踐忠孝、仁愛、信義、和平，那要怎麼期待能在中國爆發工業革命呢？再怎麼神奇的發明，科舉考試就是不會考嘛！就算許多技術中國都曾經領先全球，但是搞科技研究在中國就是沒有提升社會地位的誘因。一個產業無法吸引優質人才投入，就難以在現有發明上持續突破。於是小時了了又怎樣，常常大未必佳被超車！

人口數遠遜於中國的歐洲，人力資本相對於中國貴上許多。就算懂得使用風力、水力來幫助人類一臂之力，但不是每個地方都有風吹，也不是每個地方都

有水流。想要仰賴大自然，就得看大自然臉色，處處是限制啊！

那有沒有隨時隨地都能使用的動力啊？

有的！就是煤與蒸汽機。

英國人這時候滿懷自信地笑了，能成為世界上最早開始工業革命的國家，英國靠的是實力！

煤做為將熱量轉化為動力的核心原料，最早就是在英國被發現的。早在古羅馬人進占大不列顛時，就發現此地盛產一種深黑色又泛著光澤的礦石。九世紀時，已有英格蘭修道院的小夥伴們利用燃煤圍爐取暖的文字紀錄。比起同樣能做為燃料的木材，十八世紀的倫敦取得熱量相當的煤炭，只需要五分之一的價錢。

英國這裡有批好便宜的煤，不用嗎？

煤能提供熱量燒滾鍋爐的水，沸騰後的水蒸氣會衝向蒸汽機的汽缸帶動活塞驅發動能。但由於初始的機器設計未臻完善，熱能轉化為動能的過程大量耗損，要讓機器動起來，往往要投入過分數量的煤。燒到眼神死，給你動一下這樣。

不要緊，英國人說我們有瓦特！那位來自蘇格蘭大家都認識的發明家瓦特在一七六五年，改良出了第一台具有實用價值的蒸汽機。他在本來的蒸汽機加上一個與汽缸分離的冷凝器，可以減少用煤量將近原來的八成，大大地提高蒸汽機的效能。而且他可不是只有改良了這次而已，一七八一、一七八四、一七八七年他又分別幫蒸汽機加裝了三個歷史老師我看不懂的裝置，譬如什麼離心調節器的。

瓦特

總之，在瓦特持續更新蒸汽機模組的努力下，蒸汽機真的很好用，有夠好用，到處都可以用！一七八五年英國出現了第一個使用蒸汽機的紡紗廠，一萬只紗錠藉由蒸汽機的動力同時運轉，生產力驚人！過去一個紡紗工人用腳踏式紡紗輪要花兩百個小時才能紡出一磅的紗

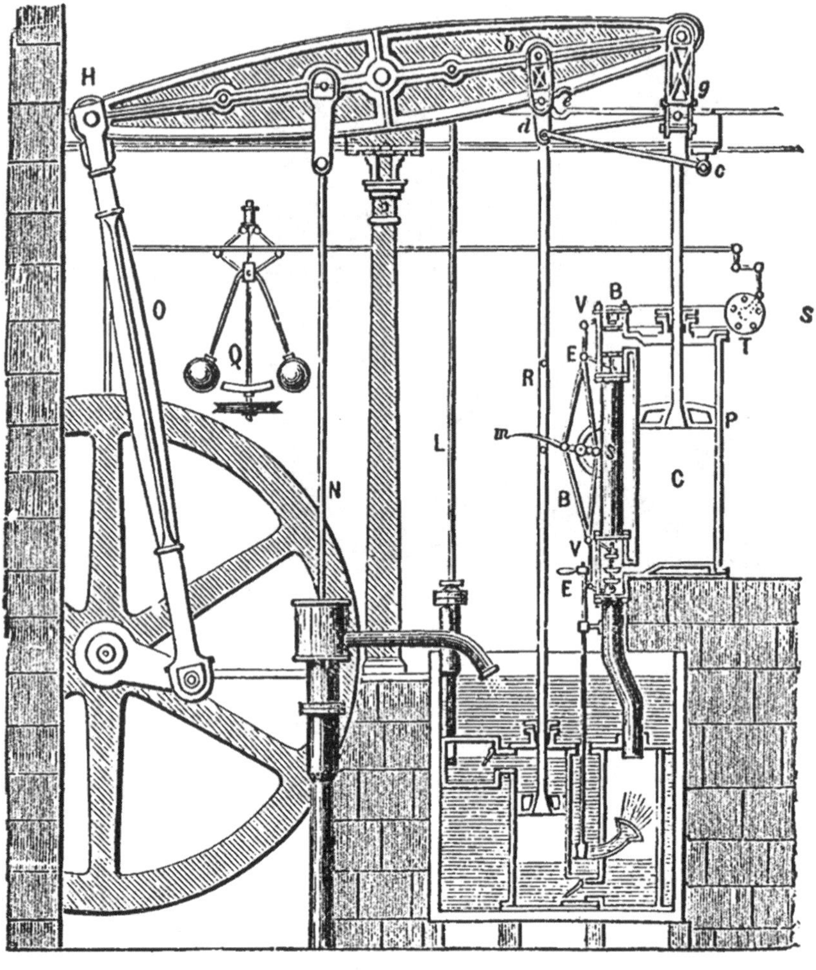

瓦特的蒸汽機設計圖

線，現在藉由機器只需要不到三個小時。木工廠的鋸、砍、刨、鑿等工序也不再需要人工費時費力，而改以蒸汽機驅動機器來替代；建築業裡蒸汽機則可做為切割大理石、攪動水泥、各種開眼鑽孔的動力來源。泰晤士報也改用蒸汽機做為印刷動力來出版報紙。到了一八二一年，英國舉國上下投入使用的蒸汽機共有一千五百台左右。

蒸汽機的改良同時帶動了交通運輸的革新，過去馬車的時速約在二十～三十五公里左右，而且馬會跑得氣喘吁吁，一定時間後必定得休息，可不能二十四小時不眠不休地前進。然而以蒸汽機來推動的鐵路機車，只要有煤就能動！一八五〇年代蒸汽火車的技術發展趨於成熟，隨後創下時速約二百公里的速度！有了這麼便捷的交通工具，英國毫不手軟，鐵路給它拚命蓋下去。一八六一年時，全國已鋪設超過一萬五千公里的通車里程，將倫敦與鄰近大小的工業城市全都連接在一起。

終於，井噴時代已來臨！蒸汽機提供了動力來源，當機器取代人力，創造數倍成長的生產量不再是夢想，而是鐵錚錚的事實！配合綿密的鐵路網讓大量生產的商品得以貨暢其流，加上英國為數眾多的海外殖民地，提供英國源源不絕的原料，以及絕對有市場賣得出去的信心保證，英國整個噴出去！

一八五一年，英國的煤產量占世界煤產量的四分之三，棉紡織品與生鐵的產量則分別占世界總產量的一半以上。一八六〇年，只占世界人口總額百分之二的英國，卻擁有世界出口總額的四分之一與進口總額的三分之一。自從瓦特改良蒸汽機後到十九世紀八〇年代以前，英國的工業產值始終保持世界第一！

有些人身處天堂，有些人活在地獄

工業革命從英國開始，一路擴散到歐洲大陸，再到北美地區。

新的生產方式，改變了西方的面貌！工業化帶來的科技能力與翻倍成長的經濟實力，統統能夠轉化為在軍事上的壓倒性武力：英國進一步延伸其制海權，成就日不落帝國的霸業，西方列強各自如猛虎出閘般撲向世界，在各個區域展現絕對的控制力。在這個時代，哪個國家能更全面地工業化，就等於能更有力地支配這世界。

如果你在歷史課本讀到鴉片戰爭、英法聯軍、八國聯軍，應該有印象清朝在後期完全被外國人壓倒在地上摩擦。摩擦啊摩擦，輸得一點懸念都沒有，說割地就割地，要賠款就賠款，那正是因為還處在傳統社會的中國，是遇到了超越他們好幾世代的對手。想想若你的手機記憶體才2MB，對方是200GB，一起連線打手遊，你在進入遊戲介面前就已先卡頓當機，那到底還要玩什麼？被虐爆只是剛好而已。

率先工業革命的西方，從此站在世界的頂端。尤其教會歐洲工業化的老師英國，做為世界的工廠自信爆棚。英國經濟學家傑凡斯（William Stanley Jevons，一八三五～一八八二）曾說道：「北美和俄國的平原是我們的玉米地；加拿大和波羅的海是我們的林區；澳大利亞有我們的牧羊場；秘魯送來白銀，南非和澳大利亞的黃金流向倫敦；印度人和中國人為我們種植茶葉，我們的咖啡、甘蔗和香料種植園遍布東印度群島。我們的棉花長期以來栽培在美國南部，現已擴展到地球每個溫暖地區。」

傑凡斯

世界是英國的，英國也樂意為世界提供服務。你是否也覺得溫馨？

倫敦的工業區

然而，有人之所以身處天堂，是用有些人活在地獄的代價換來的。

工業革命期間的工廠如雨後春筍般冒出，工廠集中在城市，也帶動人口朝著都市流動。日夜生產的工廠，同時也不間斷地日夜排放大量廢氣與汙水。人口大量地集中在都市，也象徵人為的垃圾與排泄物只能傾倒於這城市。於是城市的空氣味道並不好，沒有發大財的芳香，而是一種混雜著煙霧、體味與屎尿的惡臭。

十九世紀的倫敦人口大爆炸，大量湧入的人口讓這城市難以消化大量的人類排泄物，倫敦的化糞池滿到不能再滿了！糞便從化糞池溢出，流到大街小巷。糞水湧動的泰晤士河沒有清澈只有汙臭。糞便嚴重汙染水源，倫敦在一八三一年、一八四八年、一八五三年接連爆發三次霍亂大流行。倫敦居，大不易，這時期城市居民的死亡率遠高於鄉村。

除了惡臭之外，還有讓人失去了自己的過長工時。許多工廠為了壓低成本，雇用五、六歲的童工，他們小小年紀就開始過著每天凌晨五點上工，晚上八、九點才能下班的日子。重度工作壓力下，許多工人只能靠喝個爛醉來消解生活的絕望與苦悶。瓦特的故鄉是格拉斯哥，在這座工業大城，一八三〇年每二十棟房子中有一家是酒館；到了一八四〇年，每十棟房子裡就有一家酒館。高密度

的酒館顯現了這城市有多少人必須藉由酒精來麻痺自己的痛苦。

一名工人曾寫道：「我不知道怎麼樣來描述這種可惡的習慣。在過去有六年的時間左右，我有工作的時候，每天要上工十二到十八小時。所以當放假的時候，或是我不想再好好工作的時候，我就會來到這些我熟悉的酒館，然後嘔吐著回家。」

喝到茫茫然的工人，爛醉如泥導致失序行為的事件頻繁發生，各種犯罪行為層出不窮。恩格斯（Friedrich Engels，一八二〇～一八九五）曾認真研究了一八〇五至一八四二年間英國的犯罪行為，他指出在這三十七年英國的犯案率比起過往增加了六倍。而且從統計中可

工業革命後的英國機械化工廠

以明顯地看出，絕大多數的罪犯都屬於無產階級（受雇工人）。

就算不喝酒、不爆肝，不犯罪、不被關，工廠裡惡劣的環境仍然不放過這些工人，每一天都是摧殘。紡紗廠裡會飛舞著濃密的纖維屑，飄啊飄地就吸到工人的肺裡去，久而久之造成肺部病害；挖煤的礦坑則因為通道狹小，更方便由身材嬌小的女子或兒童進出。他們常一整天彎曲著身子待在黑暗溼冷、空氣又不流通的礦井裡挖啊挖的，幸運的人常罹患哮喘或風溼病；不幸的人，則遇上礦坑塌陷或海水倒灌，集體罹難是常有的事。那時候可沒有什麼公共安全不安全，保險理賠不理賠。遇上了，一切算你倒楣。

工業4・0——科技來自於人性

有人說十八世紀的瓦特改良了蒸汽機，是第一波工業革命。十九世紀電力廣泛應用於生產過程中，是為第二波工業革命。到了二十世紀，電腦的發明讓人類進入數位化時代，稱之「第三波工業革命」。

每次的工業革命，人類從機械化、規模化到自動化，社會的生產模式都有顛覆性的改變。每次能最先掌握潮流的國家，就能在新的時代獨領風騷，成為世界龍頭。

那現在是什麼時代？十八世紀我們用機器取代人力，二十一世紀的未來或許是AI取代人類。

第四波工業革命，是一個想利用大數據讓萬物相連的時代。相聯的「聯」，是物聯網的「聯」（Internet of Thing, IoT），IoT是一個利用大數據，將人、物品、機器相互連結的巨大網路。藉著不斷偵測、採集、診斷、識別訊息，並即時性地流通分析過後的資料以提供量身訂作的服務。也因此雲端運算、大數據分析的人工智慧會是未來的發展主力！

做為一個很純的文組人，每次談起這些科技我都一臉懵懂。

我知道我沒有貴族的血統，卻能過著比古代貴族更舒適的生活，只因為工業革命後大量生產下所帶來的廉價商品，提升了我的生活水準。

我養不起一個傭人，但我有一台掃地機器人！我不擔心它過勞，只擔心它故障。我有時會跟它說話，但我害怕自己跟它說話，害怕自己的樣子看起來寂寞得病入膏肓。

說起來很老派，但科技始終來自於人性。

我不希望這世界忘記人們曾經冷漠到讓一群人類每天工作十二個小時以上，不工作的時間除了睡覺之外只能用酗酒來逃避現實的難受。人們也曾經冷酷到剝奪一群天真可愛孩童的就學機會，讓他們每天在暗無天日的坑道裡，浸染著溼氣拖著沉重的礦車匍匐前行。

如果吃了無敵星星的代價是要我們失去人性，那還是不要無敵好了。

如果世界沒有變得更好，我們到底為什麼要急著升級？

6

一路向南
探索南方的大陸

你知道歷史上發現過兩次「新大陸」嗎？

第一次是為人所熟悉，一四九二年哥倫布的西行探險，他一心只想去印度，卻誤打誤撞發現「新大陸」。在此之前，歐洲人的地理概念沒有美洲的存在，地球的確是圓的，但人類想都沒想過會有個美洲大陸半路來攔胡。

第二次則是一六〇六年荷蘭東印度公司航海家威廉・揚森（Willem Janszoon，一五七〇～一六三〇）的南方探索，他完成自古希臘時期歐洲人對於未知南方大陸的想像，成為歷史上第一位真實抵達澳大利亞的歐洲人。

其實古希臘人很早就在思考我們所賴以維生的地球樣貌。

古希臘數學家畢達哥拉斯率先提出「地球是圓的」。他觀察到遠航的漁船總是船身先消失，再來才是船桅；當船隻返航時，又總是先看到桅

古希臘數學家——畢達哥拉斯

希羅多德

杆，接著才會看到船身。所以地球絕對不是平的，那既然地表為曲面，這不就是地球是圓的最好的實測證據嗎？

被後世譽為歷史之父的希臘史學家希羅多德，則相信這世界上的一切安排都會是對稱的，地球的結構當然也是。於是後來的希臘地理學者根據「地圓說」又參考「對稱論」，有鑑於當時已知的大陸板塊都位於北半球，因此推論出如果地球要保持平衡對稱，南北兩端勢必會各有一塊大陸。

待到古希臘斜槓青年首席男子托勒密登場，做為一個地理學家a.k.a占星大師，他曾出版《地理學指南》，這本西元一五〇年問世的上古作品有夠炫炮，在沒有Google map的時代，托勒密在此書中已明確地說明地球的形狀大小及經緯度的測定方法，並清楚標示了涵蓋歐、亞、非三大洲約八千一百處地點的經緯度。最重要的是，書中附有世界地圖，托勒密靠著先前學者的研究推理及個人的想像，在印度洋的南方畫了一塊巨大的大陸，命名為「未知的南方大陸」（Terra

Australis nondum incognita）。

自地理大發現以來，不管是先行者葡萄牙、西班牙，或是後來居上的荷蘭、英國，都做過一路向南的努力。那些陸陸續續前往南方探索的航海家們，他們探險的目的從來不是只為碰碰運氣，而是企圖驗證在歐洲存在了上千年的想像：傳說中未知的南方大陸。

澳洲：遠得要命的流放罪犯之地

從威廉．揚森初次抵達澳大利亞後，荷蘭人花了數十年對南方大陸進行了二十八次的探勘。他們去了這塊大陸的北面，也沿著西海岸走了幾遍，每次的結論幾乎都是一樣的：「土地多沙而乾燥，不適合種植作物也不適合飼養動物。」不用灌水，不宜人居的一星負評輕鬆給好給滿。

在這片荒涼的大地，不僅挖不到黃金，還住有極端落後野蠻的土著，荷蘭人對南方大陸感到興致索然，於是逐漸放棄對澳洲進一步的勘查與探險，也從未有向澳洲移民的打算。

於是，準備撿尾刀的英國人來了。

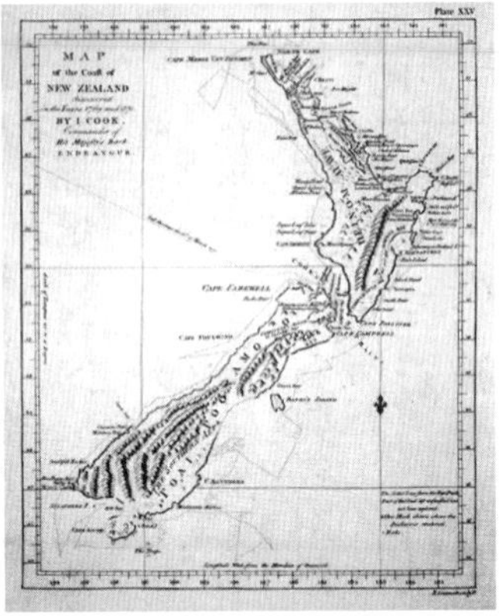

庫克船長繪製的紐西蘭地圖

在現今澳洲大街小巷想遇不到都難的「庫克」，是完成南方大陸探險最重要的男人。

庫克船長（Captain James Cook，一七二八～一七七九）做為英國歷史上成就非凡的航海家，充分利用葡萄牙、西班牙、荷蘭三國探險家近兩百年的探險經驗與航線開闢。他站在巨人的肩膀上，航行得更遠、更深入。

一七六九年庫克率領的奮進號「發現」紐西蘭。他們花了近半年的時間繞行紐西蘭的周圍，繪製了精準的海岸線，確認它由南、北兩個島組成，隨後在當地升起英國國旗，宣布紐西蘭為英國領土。

本來在探索完紐西蘭後，庫克一行人打算沿著原航道進行返程，但當時已經是三月，再接著就會遇到南半球的冬天，航行在高緯度的原航道有極大的風險。因此庫克下令走葡萄牙的好望角路線，持續向西前進。

這個路線調整，讓他一路向西，就這麼來到了澳洲的東南岸。比起澳洲西北岸的一片荒漠，庫克所看到的南方大陸蓊蓊鬱鬱，生長著許多從未見過的動植物。沿著澳洲東海岸一路向北探索的庫克船隊在離開前，以英國國王名義宣布占

庫克船長

領所經過的地區，將整個東澳命名為「新威爾斯」。

十八世紀的英國，海外事業有庫克船長風風光光地占領再占領。國內的工業革命雖然進行得紅紅火火，然而社會的急遽轉型，貧富差距的拉大，卻也造成治安的亂象，讓各種犯罪蠢蠢欲動。而傳統的英國刑罰相當嚴酷，犯了罪，不是鞭刑就是死刑。若要仁慈點把人統統關起來，監獄的容量畢竟也是有限。

後來英國人想了個兩全其美的辦法，不如就將那些犯人賣到北美洲的殖民地當奴隸吧！既可免除他們的死罪，彰顯英國重視人民生命權的仁愛，又可透過販賣罪犯為奴開發殖民地，賺取大筆國家稅收。計畫通4ni?!

一七一七年英國國會正式通過一項法案，授予法庭直接將犯人轉送出境：流放犯人到殖民地，成為一種新的刑罰方式。

就這樣，英國很快樂地把大批犯人一年又一年地送出去種田，前後約有六萬名罪犯去到北美鳥不生蛋的鬼地方開墾，結果送到北美十三州都建國了！這下子怎麼辦？人家美國都獨立了，誰想收你英國丟過來的犯人啊！不然送去加拿大好了？不行不行！加拿大跟美國那麼近，萬一這些送去加拿大的罪犯跟美國人一起使壞起來，又脫離我大英帝國的統治怎麼辦?!

想來想去，那片庫克剛發現的南方大陸，正需要勞動力開墾啊！一七八七年第一趟載有七百多名犯人的十一艘船從英國出發，到一八六八年英國終於停止向澳洲輸出罪犯的期間內，約有十六萬名罪犯陸陸續續從英國被運送到澳洲的各個流放地。

流放到澳洲是種折磨，流放到澳洲的過程則是巨大的折磨。

載有犯人的流放船生活條件非常糟糕，每艘船最多可容納三百名罪犯，為了盡可能把船塞好塞滿，船上擁擠不堪，連站起來的空間都沒有，而從英國到澳洲的航程需要熬上八個月。有很多犯人在抵達澳洲前，就在船上感染了傷寒或霍亂。十八世紀末期，流放船每次出任務平均會有三分之一的犯人不堪航程的煎熬而死去。

庫克船長與澳洲原住民

順利活下來的犯人在澳洲開始他們的懲罰，每天在日出時起床，工作超過十小時，被迫從事各種高強度體力勞動，包括伐木開墾、切割石材、建造房屋……等。但只要表現良好，熬過七年後犯人可取得「自由證書」，接著他可以選擇成為澳洲定居者或返回英國。

待到十九世紀後期，澳洲不再是荒蕪的土地，被視為野蠻人的原住民也在移民者的進逼下逐漸退縮。澳洲從一個遠得要命的流放罪犯之地，搖身一變成為淘金時代新興移民的最愛。

目前根據統計有近二〇%的現代澳洲人是一七八七～一八六八年那段期間英國流放罪犯的後代。比起早年做為罪犯後裔給人一種恥辱感，現代的澳洲人反而越來越能夠接受，甚至很開心地發現自己有著罪犯的血統。

能夠撐過八個月的航海酷刑，再加上七年勞改的體能訓練，做為如此意志強韌的罪犯後代，的確可以感到自豪。

南極洲：冰封在歷史之外的雪白大陸

澳洲的發現，沒有讓尋找「未知的南方大陸」行動停止。澳洲，不夠大；澳洲，不夠南。如果地球真有一種對稱性，那在澳洲的南方肯定還有一塊更大的陸塊，等著我們去發現。

庫克船長就是這樣相信著！在占領紐西蘭與澳洲東岸後，他持續在茫茫大海上尋找他心心念念那真正的南方大陸。他曾三度進入南極圈，在十八世紀的航海家中，他到達過人類所能抵達最南的地方，成功航駛至南緯七十一度十分，距離南極洲只有兩百四十公里了。但海相太差，他決定折返，等到南半球的夏天時再度探訪。不過，這一轉身，就是一輩子了。五年後，他在夏威夷遇難身亡。

直到一八二〇年代後，俄羅斯於南極附近海域的經緯度進行精準的測量後，才開通世界各國探索南極大陸的通道。十九世紀末開始，人們進入了一個南極探索的英雄時代。有十個國家陸續組織了十七次重大的考察活動，締造無數精采事蹟，淬鍊不朽的傳奇，也成就偉大的悲劇。

南極絕對是地球上最寂寞的大陸了。海拔平均二千三百公尺的陸塊九八%覆蓋著冰雪，加上四周的南極環流阻絕了來自低緯度的溫暖，年平均氣溫在零下四十度至零下六十度之間。

低溫也就罷了。南極位於極地高氣壓帶的中心，有著稀薄乾燥的空氣，不時颳起劇烈的暴風，一年的平均風速為每秒十七~十八公尺，最大風速曾達到每秒一百公尺。數字要經過比較才知道有多驚人！以我們熟悉的颱風分級為例，輕度颱風中心附近最大風速在每秒十七到三十二公尺之間，強烈颱風則是中心最大風速每秒在五十一公尺以上。一九六〇年，日本一名南極研究員走出基地去餵他的愛斯基摩犬，突然一陣每秒三十五公尺的暴風襲來，立刻消失無蹤。直到一年半後，才在四公里外發現他的屍體。

人生已經很難了，南極更難。生活在南極，除了企鵝，像我這種很廢的人類只想即刻救援。

但地球上就是有一些偉大的人類，在梁靜茹都還沒唱出〈勇氣〉的時候，就天涯海角隨你去，無畏地走向南極點的征途。

南極點是南緯九十度，是地球上所有經線的交會點。站在南極點上，只剩下北方一個方向，無論朝哪個方向走，都是往北。是地球最南的點，最難抵達的點。

挪威的極地探險家阿蒙森（Roald Engelbregt Gravning Amundsen，一八七二～一九二八）於一九一一年十月十九日正式向南極點出發。十二天後，他可敬的對手，英國的海軍軍官史考特（Robert Falcon Scott，一八六八～一九一二）也率領著他的團隊前進南極點。

這場遠征的冒險，兩個人都想代表自己的國家爭取榮光，成為地球上第一個征服南極點的人類。

（左）阿蒙森（右）史考特

阿蒙森擁有搭乘探險船在南極越冬的經驗，以及做為首位成功通過北極「西北航道」到達阿拉斯加的第一人。史考特則是曾經有過兩次成功的南極探勘經驗，熟悉南極大陸相關路徑，是廣受英國人支持的探險英雄。

阿蒙森前往南極點的交通運輸工具只有愛斯基摩犬，他相信雪橇犬隊就是他唯一的依靠。史考特憑藉之前南極探險的經驗，認為雪橇犬隊尚不足以支援到達南極點的運輸量，他還啟用了機動雪橇與西伯利亞小馬隊。

只擁有雪橇犬隊，且一心一意只想盡速到達南極點的阿蒙森隊伍，前進的速度飛快，征途中他們會宰殺較為虛弱的犬隻做為沿路補給的糧食。

一九一一年十二月十四日，阿蒙森於下午三點抵達了南極點。他們風光地插上了挪威的國旗，並做了精確的測定後，宣告勝利。加上返程，阿蒙森的極點之旅總共歷時九十九天，行進三千四百四十公里，出發時帶的五十二隻愛斯基摩犬，回程時剩十一隻。

史考特這方精心準備的機動雪橇在出發後沒多久，全都因為酷寒與惡地失去作用。西伯利亞小馬比起愛斯基摩犬則更難適應南極的低溫與暴風，變成無用的累贅，只好在中途宰殺牠們成為犬隻的糧食。運輸工具因此大為不足的史考特團隊，之後被迫採用人力來拖運行李。

做為英國皇家海軍的一員，史考特想的不只是征服南極點，沿途上他還身負科學採集的重責大任。儘管有著來自阿蒙森的競爭壓力，史考特的團隊仍持續記錄著南極的氣象與磁力數據，並分隊前往南極大陸的山脈與冰河，盡可能蒐集能找到的化石。

一九一二年一月十七日，史考特與團隊夥伴總算抵達南極點。很快地，他們的喜悅就被遺憾取代。地上的紮營痕跡與犬隻的腳印，還有那飄盪在極點寒風中讓人刺目的挪威國旗，傷透了史考特團隊的心。

「歷盡千辛萬苦、餐風露宿、無窮的痛苦煩惱，這一切究竟為了什麼？還不是為了這些夢想？可現在，夢想就這樣破滅了。」史考特在他的日記中寫下他的難堪和心碎。

在難受的失望中，史考特團隊回程又遇上了比糟糕更糟糕的天氣，已經夠冷的南極寒潮來襲，酷寒與暴風一天天地削弱團隊的元氣。他們舉步維艱地前進著，然而成員卻一一倒下死去。為了讓行動變得更為簡便，他們將能丟的東西都丟了，但始終無法放棄那些辛苦蒐集的科學資料及重達十六公斤的化石標本，還有史考特持續寫著的日記。

抵達南極點的阿蒙森探險隊（上）和史考特探險隊（下）

最終史考特的死亡時間推測為一九一二年三月二十九日。他成功抵達了南極點，但他再也不能回到他掛念的祖國。

被迫用人力拖行的史考特探險隊

這場生死競爭的結果，你認為誰贏了？誰輸了？

阿蒙森的行動飛快、決策果斷，他的征途沒有帶回什麼，只帶來他做為征服南極點第一人的成果，讓全世界都記住了他的名字。

史考特則創造偉大的悲劇，雖然他的人再也沒有回來過，但他帶回的化石與科學資料及沿路上拍攝的照片，是日後南極研究最珍貴的資產。而他沿途寫下的每篇日記，則讓他成為英國人心中勇敢與堅毅的代名詞。

一九五七年，美國在南極點附近海拔二千八百三十五公尺處，建造地球最南端的科學研究站，將其命名為「阿蒙森—史考特南極站」（Amundsen-Scott South Pole Station），紀念這場人類在南極的生死競爭。

不需要一較高下，也無法論證輸贏。那是場人類意志和耐力極限的交鋒，也是經驗和恆心的較量。不論抵達先後，兩位極地探險家所創造的生命傳奇都肯定能被永遠地講述下去。

挪威極地探險家——阿蒙森

7

進擊的自由人
從柏林危機到柏林圍牆

在漫畫《進擊的巨人》裡，人類為了抵禦以吃人為樂的巨人，築起了三座高牆。在高牆的掩蔽下，人類過著與外界隔絕的生活。牆內能擁有被庇護的安全，然而牆外則有著也許危險卻充滿無限可能的自由。

要永遠被關在高牆裡被圈養著，還是要為自由冒一次險？

在你放下這本書，跑去翻漫畫前，我想讓你知道，這座高牆在真實歷史上並沒有離我們太遠。

一九六一年八月十三日，東德士兵在柏林市中心地區架起了近四十五公里左右的帶刺鐵絲網。同時，東柏林的公民接獲政府通知：為保護他們不受資本主義的毒害，從今以後禁止進入西柏林。八月十五日以後，鐵絲網被換成了混凝土，真正成為一道物理意義上的「牆」。

一切都在一夕之間變了，東西雙方的電話線

美蘇兩軍在查理檢查哨前對峙（1961年）

被切斷、往來的鐵路被封鎖、所有的通道被破壞。家人、朋友、愛人，忽然間這麼近又那麼遠。

這道牆就是「柏林圍牆」（德文：Berliner Mauer）。自一九六一年豎立至一九八九年，是西柏林與東柏林之間的物理分界線，也是冷戰期間民主與共產主義兩大對立意識形態的代表性邊界。全長為一六七・八公里，平均高度約三・五公尺至四公尺，沿線設有上百個瞭望塔、地面觸發警報器、帶有高壓電的鐵絲網，由武裝強大的東德邊防軍駐守，他們配有火焰噴射器、軍犬小組、五百六十七輛裝甲運兵車、四十八個大型榴彈發射器、四十八座反坦克炮、一百五十六輛坦克。

在柏林圍牆聳立的二十八年間，曾有數千名的東德民眾嘗試逃離翻越，有超過上百名的平民老百姓在過程中直接被東德邊防軍開槍射殺。即使它已傾倒頹圮多年，所遺留下的每一磚瓦仍象徵著悲傷和別離。

史上最狂外送計畫：柏林危機

一九四五年四月三十日，納粹德國元首兼總理希特勒在柏林的元首地堡舉槍自盡，同年的五月八日納粹德國正式向盟軍宣告無條件投降。終於，二戰的大魔王被徹底地擊敗了！每一年的五月八日，在歐洲各地，尤其是曾被納粹德國侵略過的國家，都會以不同方式紀念歐洲戰場的結束，並再次提醒國民們戰爭的殘酷無情。這一天，來得太珍貴，也因此顯得發動戰禍的德國太可怕。

於是，在二戰結束後，主要戰勝國以四娘教子的概念說：「我們一起好好教德國重新做人吧！」於是盟軍將德國分成四個占領區，分別歸美、蘇、英、法四國管制。而柏林由於做為德國的首都，也切成四塊由四國分區占領。說得好聽一點是對德國的重新調教，說得難聽一點就是將德國分屍。他們解除了德國的全

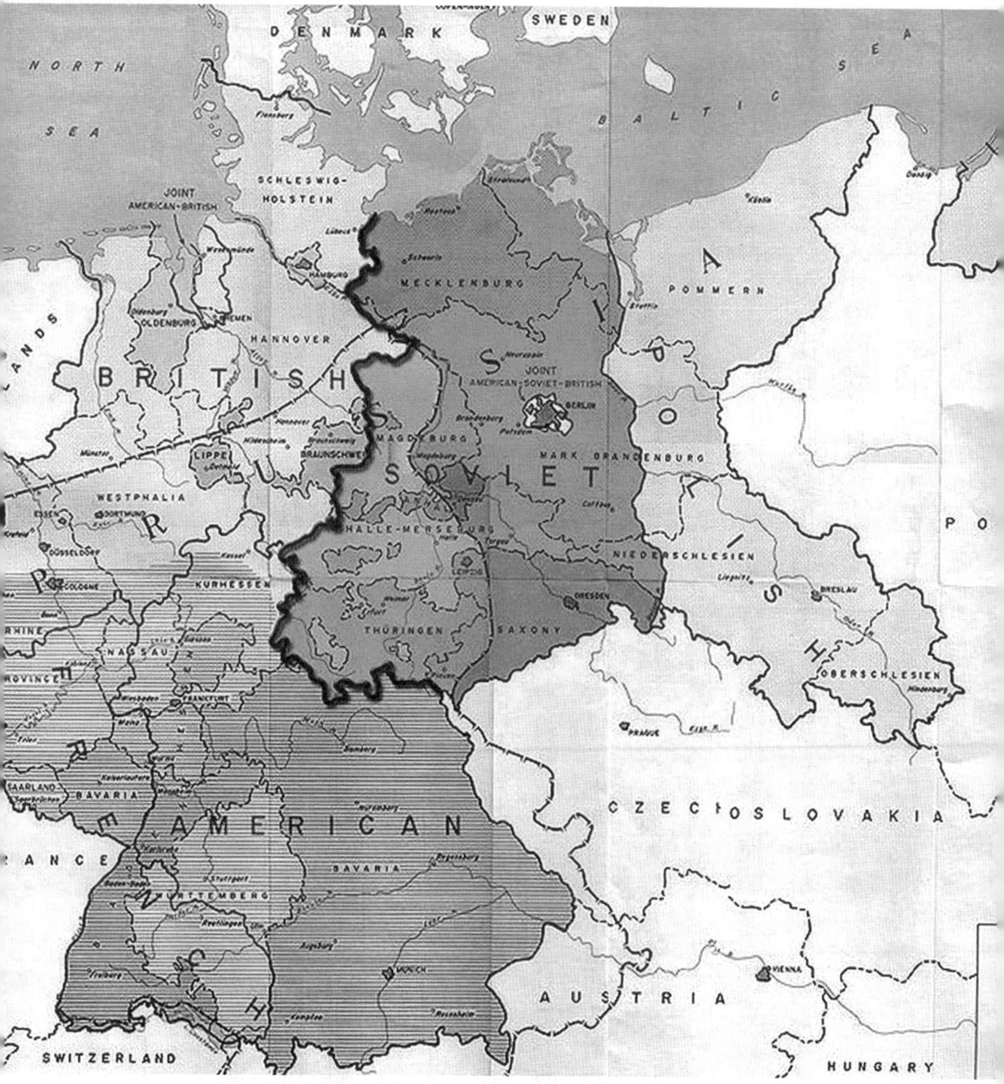

同盟國將德國分成了四個占領區

部武裝，解散或控制一切可用於軍事生產的德國工業。希望藉由四國的嚴格控管下，讓德國再也沒有作亂的能力。畢竟一戰跟二戰之所以打得悽悽慘慘戚戚，都有你德國的毛啊！

但我們仔細一瞧，就知道這看似分四區占領，其實根本就是美國與他的快樂夥伴VS.蘇聯。英法兩國早在二戰後期就已經叫美國一聲「哥」了。因此美國在一九四八年也不打算演了，著手進行將美英法三區合併的計畫，為成立日後的西德做準備。

蘇聯想說：「好啊！你們就是要排擠我啊！既然如此，那我也不客氣了！整個柏林我都要了！」由於西柏林完全位於蘇聯占領區，是一座名副其實的政治孤島。因此蘇聯以地理位置之便，在一九四八年六月二十四日宣布全面切斷西柏林與外界的聯繫，企圖讓西柏林缺糧食也缺燃料，在沒有食物與沒有動力，民生跟經濟都支撐不住的情況下得以快速投降，進而讓蘇聯控制整個柏林。

別小看這次的封鎖行動！這是蘇聯明目張膽地挑釁，擺明著考驗美國的政治智慧！美國當然可以出動軍隊，用武力硬是撬開那些被蘇聯封死的通道，要戰就來戰啊！美國人什麼時候怕打仗了?!

不好意思，還真的很怕耶！我們都知道在二戰後的冷戰期間，美蘇絕不輕易開戰，因為那是一個核子武器已經發明問世的年代！萬一開打了，越戰越不爽，一個奇摩子不愉快，核子武器用下去，一個地球也不夠炸！所以美國一定要夠冷靜，不能輕易地讓世界再次陷入世界大戰的人間煉獄裡！

載滿補給品的美軍C-47運輸機

那不開打怎麼辦？西柏林的人口接近兩百五十萬，兩百五十萬人每天都要吃飯，每一天這座城市的基本開銷，都需要上千噸的物資支援啊！

美國說：「不用怕，有我在！今晚你想來點什麼呢？」什麼傅潘達、吳博毅，在美國空中快遞面前，統統都不夠看。

封鎖後五天，從六月二十九日起，美國開始實施驚人的空中快遞計畫，派出大批飛機向柏林兩百五十萬居民大規模空運糧食及各種日用品，一年間飛行次數共二十七萬七千七百二十八次。西柏林被封鎖的十一個月內，每天平均不到五分鐘就有一架飛機來外送！空投煤炭、衣服、食物、文具、藥品……等物資，還有孩子們最喜歡的糖果、巧克力，連生日蛋糕都沒問題！

蘇聯本來都做好心理準備要與美國戰鬥到底了！沒想到美國人在柏林空中做起了二十四小時歡樂送。就這樣美國不靠戰爭，也讓蘇聯見識到它強悍的空軍戰力與得以提供源源不絕物資的經濟生產力！這的確狠狠打了蘇聯的臉：原來我的封鎖只是場笑話，反而讓全世界都看到美國的大方威猛。於是在一九四九年五月十一日蘇聯宣布不玩了，解除封鎖。

此次的柏林危機雖順利結束，然而也確立之後德國的分裂。同一年的九月，在美英法的支持下，西德建立，定都波昂。十月時，在蘇聯的控制下，東德成立，定都東柏林。

翻越柏林圍牆的一百種方式

在柏林圍牆築起前，東西柏林沒有邊境管制，各區民眾依然能自由地進出。他們可以穿越邊境前往西柏林觀看歌劇、足球比賽、參觀動物園等。有六萬名的通勤工作者經常往來於東西柏林間；許多戀人們，他們所愛的人就住在城市的另一邊。許多朋友們，不時就會在彼此家借住個一晚。

當然也有不少人，想確實地逃離共產主義的統治。每個月都有成千上萬的人前往西柏林，永遠地離開了東德。一九六一年，超過二十萬的東德人一去不回。人力資源的大量流失讓東德政府瀕臨完全無法忍受的崩潰邊緣。八月中，當柏林圍牆正式豎立，不管一個人睡在邊界的哪一邊，醒來時他們都被困在了那一邊。有些家庭分散在牆的兩頭，被迫分開了。有些戀人與朋友隔絕在牆的另一側，想再見上一面，難了。

艾達．西克曼（Ida Siekmann）所住的公寓位於當時的東柏林，而公寓前的街道，被劃分為西柏林。

當牆剛築起時，她決定試著碰碰運氣。她將棉被與日常用品扔到了屬於西柏林的街道，並從四層樓的窗台跳了下去。不幸的是她受了重傷，死在去醫院的路上，成為柏林圍牆建好後的第一個遇難者。

鐵路工程師哈利．迪特林（Harry Deterling）則是偷了一輛蒸汽火車，在穿越邊界時，他將火車開到最高時速，直到抵達了西柏林附近，才停下來允許乘客自由離開。車上有許多人完全不曉得自己默默地成為瘋狂駕駛員逃亡計畫的一部分，七位乘客在下車後選擇回到東柏林。而迪特林宣稱：「這是通往自由的最後一班列車。」這話倒是說得實在，迪特林這次行駛的路線從此被封鎖，直到一九九二年才重新開放，而那已經是柏林圍牆倒塌後三年了。

有人選擇偷火車，也有人選擇挖隧道。

土木工程系的學生諾伊曼（Joachim Neumann）與十幾位朋友躲在西柏林邊境附近的一家麵包店，他們決定於此處進行大規模的挖掘行動。挖掘工程持續了五個月的時間，一群男人們在麵包店日夜輪班，將一袋袋掘出的泥土堆在麵粉袋裡，最終挖通了一條長達一百四十五公尺的隧道可直接通向東柏林。在這條秘密的地下通道中，他們幫助了幾十位住在東德的親友們成功前往西柏林。

沒有人比諾伊曼擁有這樣一番接地氣的歷練了，他之後在西德的交通建設部門擔任主管職務，規劃了六十條隧道工程，他參與過最知名的作品是橫貫英吉利海峽的英法海底隧道！

除了往下挖的可能，你有想過從上面飛過去嗎？

工程師漢斯·彼得（Hans Peter Strelczyk）與砌磚工甘特（Gunter Wetzel），他們與老婆小孩從材料學到工程學，從熱力學到氣體動力論，每天進行深入的探究與實作。為了怕引人懷疑，他們分別前往不同的店家購買帆布與床單，縫製出一

叛逃到西柏林的士兵（1961年）

個直徑二十二公尺的大氣球。最後選在一個掩人耳目的夜晚，從家中後院升起了巨大的熱氣球，熱氣球下的吊籃裡載著這兩個家庭，在飛到柏林圍牆上空時被邊防軍發現開槍射擊，但熱氣球已升到了二千五百公尺左右的高空了！不僅槍打不著，連探照燈都照不到了！他們飛了半小時左右，當燃燒的氣體耗盡，終於緩慢地降落。

但降落後到底身在何方，是東德？還是西德？這兩家人也不敢肯定！就這樣躲在吊籃裡不知道多久。直到整整一天過後，終於有士兵前來，對著他們說：「你們自由了，這裡是西德的國境。」

這兩家人自此在西德一夜成名。

當時西德的熱氣球駕駛冠軍阿諾．西格爾（Arno Sieger）說：「他們做得太不可思議地好了！就好像乘著木筏卻橫渡了大西洋。」隨後各大博物館爭相展出這只奇蹟式的熱氣球。

通往自由的決心似乎把人類的創意極限都逼了出來！

但驚心動魄的成功案例始終是少數人，有紀錄的上百人在穿越邊界時喪命。但有更多嘗試逃離的人是如何犧牲的，我們永遠不曉得。似乎沒有可能掌握確切的數據，有很多人就在那個時代下，被默默地消失，悄悄地失蹤了。

由於東德邊防軍有著「開槍射擊令」（德語：Schießbefehl）的法律保障，他們承擔著保衛國家邊境不受侵犯的責任，做為阻礙越境者的最後手段，使用武器是合理的，也是合法的。

如果你是當時的東德邊防軍，在你值勤的當下，眼前正有人試圖翻過柏林圍牆逃往西柏林，你要不要開槍？

根據當時的法律，東德民眾沒有自由離開其國家的權利，做為邊防軍的你背負執法的正當職責，且槍擊行為在當時是合法的，你不開槍嗎？

同時你心裡大概也曉得，此人之所以翻牆，是因為牆後面有他想要追求的事物，可能是對自由的嚮往又或者跟家人朋友重聚的渴望，那麼，你要開槍嗎？

你想當個負責任的人，也想當個懂得溫柔的人，活著從不簡單。

關於歷史，我從來無法給我的學生一個標準答案。選擇，這件事始終是艱難的，很多時候，只有當你遇上了那一瞬間，才會清楚什麼是你靈魂深處裡最在乎的機會成本。

一個不小心就塌了的柏林圍牆

一九八九年從東歐吹來的風，吹得蘇聯的心特別冷。

許多東歐國家長期生活在蘇聯主持下的計畫經濟體制，資源被掠奪，又集中於發展重工業，連買條麵包都要大排長龍等配給，日子過得實在苦不堪言。

終於在一九八九年民怨一口氣大爆發，波蘭選出了它們自己的民選總統，匈牙利有了自己的民選國會，捷克發生天鵝絨革命，人民走上街頭要求言論與組黨結社等自由。

隨著東歐鄰居們一一奔向自由的世界，一九八九年時，有大批的東德人從匈牙利或捷克繞路逃向西德；也有許多人走上街頭持續向東德政府抗議，奮力地爭取出入境的自由與更多民主改革的可能。十一月四日有五十萬人聚集在東柏林的亞歷山大廣場，給予東德政府的壓力真的山大。

當時的東德總理為平息國內的緊張局勢，試圖藉由放寬出入邊境的手續，證明政府多少有把人民的話聽進去，希望能藉此緩解當時不斷抗爭遊行的情勢。

原本只是要放寬出入邊境的流程，但當時東德政府發言人沙波斯基（Günter Schabowski）可能是從頭到尾沒把公文認真看清楚，也可能是過分緊張了，他在十一月九日的國際直播記者會時，面對記者的提問，宣布開放邊境「即刻生效」。

這個誤會真的是太日常了！沒有人用心看資料，也沒有人認真聽訊息。在大家都搞不清楚狀況的一回事下，數以萬計的東柏林市民湧向柏林圍牆，試著突破邊界、拆毀圍牆。邊防軍也一頭霧水，「真的開放了嗎？」好像是耶！這麼多人都來了，那應該是上級有說要開放吧？好吧！就讓你們過去吧，證件看都不看，就讓人們一一通過檢查站。

一切都回不去了，柏林圍牆的倒塌是場不求甚解的美麗誤會。十一月九日的午夜時分，柏林市區所有的邊境管制站全部開放。不論是東德或西德的人民個個都欣喜若狂，爬上這道分隔他們數十年的圍牆，在上頭開心地拍照！

一年後，德國再次統一。再一年後，蘇聯解體，冷戰宣告結束。世界好像正逐漸在往好的方向走，是嗎？

布蘭登堡門與柏林圍牆（1989年）

二〇〇二年起，以色列政府以擔心被巴勒斯坦游擊隊攻擊為理由，蓋了一座自稱的「安全柵欄」，在約旦河西岸修建高達八公尺、長約七百公里的圍牆，是台北到屏東來回的距離，是柏林圍牆的四倍長度。

二〇〇六年，美國以為阻絕來自墨西哥的非法移民為由，通過了《安全圍欄法案》。川普上任前，美墨邊境已建造長達約一千零五十三公里的屏障，川普執政時期又再多蓋了六百公里。

二〇一五年，匈牙利因應許多中東難民湧入歐洲，修建了一百七十七公里長的圍牆，阻止移民以非法途徑進入匈牙利。

柏林圍牆倒塌後，牆沒有消失。在世界的各地，牆一直在蓋，越蓋越長，越蓋越高。世界到底有沒有變得更好，我真的不知道。

8

離開歐盟，你會不會好一點？
英國脫歐

Brexit！二〇二〇年十二月三十一日格林威治時間晚上二十三點，倫敦大笨鐘敲響，英國與歐盟正式分手，完成脫歐。

分手是需要談判的，等時間久了會變勇敢的。

二〇一六年六月二十三日英國針對是否脫離歐盟舉行公民投票，決定英國是要脫離還是續留在歐洲聯盟。當天的投票率高達七一．八％，投票人數超過三千萬，最終脫歐派贏得五一．九％的選票，留歐派四八．一％。接下來，英國與歐盟站上分手擂台，雙方討價還價、你來我往，你慢慢出走，我漸漸放手，歷經三任首相，耗費四年半談判協議，英國終於在二〇二一年得到想要的自由，開啟「脫歐元年」！

為此，英國必須向歐盟分期支付「分手費」，預估約為三百億英鎊左右的歐盟會費，以做為英國脫歐的財務結算。英國脫歐並表示歐盟與英國間分別成為兩個獨立的法律空間與貿易市場。貨物流通、人口跨境移動將不再暢通，開始有著麻煩的隔閡壁壘。而英國人原本留在歐盟所享有的居住、學習、工作等優惠權益則將全部終止。

不過，完成歷史性一刻的英國首相強生（Boris Johnson）仍然開心地宣布：「我們拿回了錢、邊界、法律、貿易和漁權……這個偉大國家的命運，現在終於能牢牢地掌握在我們手中。」

這個結局你意外嗎？

如果你懂英國的歷史，你就會知道英國一直習慣一個人生活，可能對歐盟從不曾愛過。

我邊緣人，我驕傲：光榮孤立的偉大傳統

「有些軟弱無能的人是孤立的，那是因為他們對這個世界毫無貢獻，因此不受歡迎。但另一方面，有些人是因為希望不被任何麻煩纏身才孤立起來。他們是特意選擇保持孤立的，他們才可以在任何可能的情況下採取自由的行動。」

——一八九六年，英國內閣大臣喬治·戈申（George Goschen）

英法百年戰爭

一道英吉利海峽，就此劃分了英國與歐洲大陸最近卻又最遠的距離。

四面環海的島國性質，讓英國一直自認他們屬於海洋，而不屬於歐洲。大大的海洋，小小的歐洲，星辰大海啊，英國的歷史始終為你奔赴而來。

因此英國在歷史上普遍將眼光看向四方，極力向外擴張，發展屬於英國的全球性利益。歐洲大陸那些吵吵鬧鬧的家務事，能不聽就不聽，能不管就不管。一切，與我無關。

儘管羅馬帝國在西元六一年，透過一連串的武力征討行動，將不列顛島納入版圖，但畢竟有著英吉利海峽的隔絕，羅馬帝國對於不列顛的控制難有緊密的連結。隨著羅馬帝國後來的覆滅，不列顛又恢復了他們自在的快樂島日子。

下一次英國跟歐洲大陸有交集的時候，是西元一〇六六年了。法國諾曼第公爵——征服者威廉登陸英格蘭，成為諾曼王朝的第一任英格蘭國王，他引入法語和法國人的生活習慣，但也種下了從此英法糾結的種子。

西元一三三七年至一四五三年，為爭奪法國王位繼承權，英法爆發了一路勾勾纏又一路打打停停的百年戰爭。縱然法國最後靠著平民出身的聖女貞德鼓舞士氣取得了最後勝利，但這場戰爭可真是越打越讓英國人清醒。

聖女貞德

首先，與法國人戰了百年的英國，敵我意識越戰越強。你是法國人！我是英國人！連兄弟都不是，我們就是不一樣。

再者，自征服者威廉以來，英國統治者不僅只繼承著英國王位，同時也繼承著諾曼第公國在法國的領地。百年戰爭時的英國因為戰敗喪失所有在歐陸的土地，輸得一無所有，反而讓英國對於歐陸的介懷從此一刀兩斷。

少了與歐陸的聯繫後，英國反而放飛自我，從此一心一意著眼於大海的無邊無際，專心擴張海外版圖，進而成為主宰世界的日不落帝國。

百年戰爭後的英國，確立了海洋國家的發展模式，發展出一套「我邊緣人，我驕傲」的「光榮孤立」外交哲學。

對於英國人來說，所謂的「光榮孤立」是——沒有歐陸，我會過得更好！我不去煩你們了，你們也不要來煩我。歐洲各國再怎麼打打鬧鬧，英國盡量保持冷眼旁觀，它絕不主動介入歐陸事務，以超然中立的姿態來應對與歐陸各國間的關係。英國最大的願望，就是歐陸各國能持續保持一種均衡穩定的狀態。當歐陸越風平浪靜，英國就越能放心地去追求占據海景第一排的野望！

但英國的「光榮孤立」政策，絕不僅僅是置身事外的消極，也同時帶有一種扶弱抑強的積極性，它通過不斷改變與歐陸國家結盟的政策，來阻止歐洲大陸出現可能破壞歐陸勢力平衡的超級霸主。

英國肯定是一個聰明狡猾的邊緣人！它以邊陲島國之姿俯瞰著歐陸局面，透過操縱政治天秤讓歐洲列強彼此牽制，誰都不許在它眼皮子底下一家獨大，以防威脅到大英帝國的海上霸權。

這樣的外交心機，落實在拿破崙戰爭、第一次世界大戰、第二次世界大戰，英國人皆是抱持著光榮孤立的思維去操作每一個歐陸難題。

我隨時可以跟你在一起，也隨時準備提分手

「英國是歐洲各國當中，唯一一個不需要在歐洲擴張便可維持國家最高利益的國家。有鑒於歐洲的均勢對英國有利，因此它成為對歐陸僅求其不出現獨霸的強權，此外別無他求的唯一一國。為達成這個目標，英國願意加入任何反對獨大勢力的組合。」

——美國外交教父季辛吉（Henry Kissinger）《大外交》

我們一起討厭法國吧！

英國人並不討厭拿破崙，但英國人很排斥拿破崙統治下的法國即將一統歐洲的事實。

十九世紀上半葉的歐洲，是拿破崙的歐洲。扣掉俄國，拿破崙率領他的法軍大殺四方，幾乎獨霸了整個歐洲大陸。自詡為「歐陸操盤手」的英國，豈能容許這樣的局面發生！若拿破崙統治了一個超級大法國，集結歐陸所有資源的國家，它的工業與軍事力量將無與倫比地強大。而英吉利海峽離歐洲大陸最近的距離只有三十四公里耶！一想到拿破崙這個龐然大物就在身旁，瑟瑟不安的英國先

滑鐵盧戰役

後積極組織與領導共七次的反法聯盟。

反正我就是要一直打、一直打，把你打到滑鐵盧跟歐洲說掰掰啦！

俄國擴張不可以

拿破崙危機解除後，英國沒有安心太久，因為俄羅斯乘勢崛起。此時的俄國主導保守勢力的神聖同盟，並張牙舞爪地朝著巴爾幹半島撲去，試圖擴張勢力掌握前往地中海的快速通道。

於是我們的「歐陸操盤手」英國又開始煩惱啦！哎喲，這可怎麼辦啊，為了阻止俄國的擴張，英國這次還拉了法國一起當隊友參與克里米亞戰爭，共同遏阻俄國西進。大家說說看，英國是不是完全沒有節操可言？明明前些日子，你還號召大家一起圍毆法國耶！怎麼過一陣子就拉起法國的手來排擠俄國？

克里米亞戰爭

德國總該輪到你了

一八七一年誕生的德意志帝國，歷史可能沒有學好，沒看到前面哥哥們的教訓。風風火火的德意志帝國在完成統一後迅速發展工業，威廉二世更是急於向世界展現日耳曼人的威武風采，不僅積極擴張海軍，更是張狂地宣稱，要找到屬於德國在「太陽下的一席之地」，在海外野心勃勃地攫取殖民地。

這根本就是在向英國挑釁嘛！

於是英國選擇了跟它的老朋友（還是仇人？）法國、俄國，共同組成三國協約，在第一次世界大戰時圍剿德國。

威廉二世

但你懂的，畢竟英國從來沒有真的討厭哪一國，它就只是討厭獨霸歐洲的某一國。因此當第一次世界大戰結束後，法國為一吐悶氣，利用《凡爾賽和約》對德國窮追猛打時，英國又置身事外去了，並且還聯合美國一起研議相關方案，協助戰敗國德國制定合理的還款計畫。

不是好心，只為不讓法國太囂張！

就如同邱吉爾說的：「請注意，英國的政策並不考慮企圖稱霸歐洲的國家究竟是哪一個國家。問題不在於它是西班牙還是法蘭西帝國，是德意志帝國還是希特勒政權。這個政策與這個國家是什麼或者誰當統治者都毫無關係。英國唯一關心的是：誰是最強大的？或是最具有支配力的暴君。我們不怕別人說我們親法反德，如果情況改變，我們同樣可以親德反法。」

只是，希特勒的野心過分明目張膽，所以接連兩次大戰，英國都只好站在德國的對立面，用力挫敗德國企圖一統歐洲的念想。

我不喜歡歐盟，我只喜歡我自己

「我們沒有永遠的朋友，沒有永遠的敵人，只有永遠的利益。」

——十九世紀英國首相帕默斯頓勳爵（Lord Palmerston）

經過兩次世界大戰的摧殘，劫後的歐洲，是繁花盡落的歐洲。美國取代歐洲列強成為當今世界新的霸主，共產蘇聯也不甘示弱地在東方與它互別苗頭。

在兩強相夾的對抗中，歐洲沒有本事再內鬥了，我們必須共同締造一個保障和平共存、得以凝聚歐陸力量的共同體。

儘管在世界大戰中，我們曾經恨不得讓對手血流成河，但那都過去了。法國、西德、義大利、荷蘭、比利時、盧森堡六國，在一九五二年簽訂條約，組成「歐洲煤鋼共同體」，用來掌控煤鋼等軍事和工業物資，這就是歐盟的前身。

英國呢？大戰都打完了，眼看歐洲每個國家都還在戰後虛累累的狀態中，既然歐洲沒出現新的霸權，何必跟你們玩在一塊呢！更何況英國在非洲仍然擁有許多殖民地，還有加拿大、澳洲、紐西蘭這些快樂夥伴們，就算大英帝國風采不再，但轉型成大英國協後，我大英帝國自己抱團，就足以與美蘇分庭抗禮！因此，英國樂得與歐陸保持距離，繼續「光榮孤立」下去。

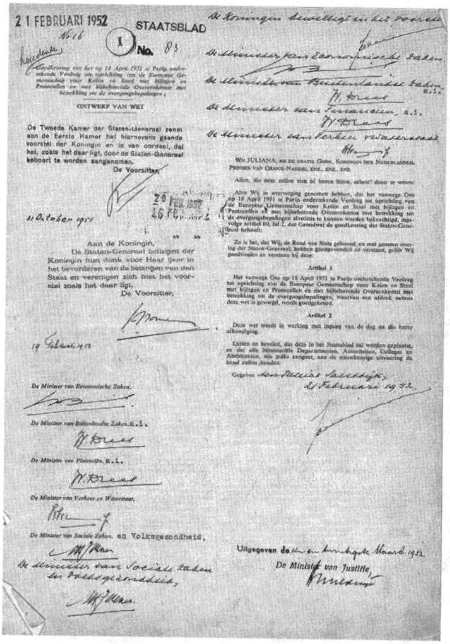
2 1 FEBRUARI 1952 STAATSBLAD

No. 83.

Goedkeuring van het op 18 April 1951 te Parijs ondertekende Verdrag tot oprichting van de Europese Gemeenschap voor Kolen en Staal met bijlagen en Protocollen en met bijbehorende Overeenkomst met betrekking tot de overgangsbepalingen;

ONTWERP VAN WET

De Tweede Kamer der Staten-Generaal zendt aan de Eerste Kamer het hiernevens gaande voorstel der Koningin en is van oordeel, dat het, zoals het daar ligt, door de Staten-Generaal behoort te worden aangenomen.

De Voorzitter,

Aan de Koningin,

De Staten-Generaal betuigen der Koningin hun dank voor Haar ijver in het bevorderen van de belangen van den Staat en verenigen zich met het voorstel zoals het daar ligt.

De Voorzitter,

WIJ JULIANA, BIJ DE GRATIE GODS, KONINGIN DER NEDERLANDEN, PRINSES VAN ORANJE-NASSAU, ENZ., ENZ., ENZ.

Allen, die deze zullen zien of horen lezen, saluut! doen te weten:

Alzo Wij in overweging genomen hebben, dat het vanwege Ons op 18 April 1951 te Parijs ondertekende Verdrag tot oprichting van de Europese Gemeenschap voor Kolen en Staal met bijlagen en Protocollen en met bijbehorende Overeenkomst met betrekking tot de overgangsbepalingen alvorens te kunnen worden bekrachtigd, ingevolge artikel 60, lid 2, der Grondwet de goedkeuring der Staten-Generaal behoeft;

Zo is het, dat Wij, de Raad van State gehoord, en met gemeen overleg der Staten-Generaal, hebben goedgevonden en verstaan, gelijk Wij goedvinden en verstaan bij deze:

Artikel 1

Het vanwege Ons op 18 April 1951 te Parijs ondertekende Verdrag tot oprichting van de Europese Gemeenschap voor Kolen en Staal met bijlagen en Protocollen en met bijbehorende Overeenkomst met betrekking tot de overgangsbepalingen, waarvan een afdruk nevens deze wet is gevoegd, wordt goedgekeurd.

Artikel 2

Deze wet treedt in werking met ingang van de dag na die harer afkondiging.

Lasten en bevelen, dat deze in het Staatsblad zal worden geplaatst, en dat alle Ministeriële Departementen, Autoriteiten, Colleges en Ambtenaren, wie zulks aangaat, aan de nauwkeurige uitvoering de hand zullen houden.

Gegeven

De Minister van Economische Zaken,

De Minister van Buitenlandse Zaken, a.i.

De Minister van Financiën, a.i.

De Minister van Verkeer en Waterstaat,

De Minister van Sociale Zaken en Volksgezondheid,

Uitgegeven de

De Minister van Justitie,

歐洲煤鋼共同體的創始條約

不過到了一九六〇年代，

煤鋼六國小隊越抱越緊，陸續簽了一堆合約，成立歐洲經濟共同體（ＥＥＣ），六國間可以自由貿易，自由旅行。且隨著法德戰後的復甦，西歐經濟逐漸起飛，英國看著看著開始有點吃味，好像不加入會吃虧呢！

於是英國厚著臉皮向ＥＥＣ提出加入申請，但這時候法國總統戴高樂（Charles de Gaulle，一八九〇～一九七〇）果斷拒絕！高傲的戴高樂直言：「英國人跟我們歐洲人啊，在民族性格、國家結構和生活環境等方面確實大不相同。」多年後的法國總統席哈克也曾嘴過英國：「料理如此難吃的民族，實在讓人難以信任。」

戴高樂當時不僅不信任英國的誠意，也擔心英國加入後會搶走法國的鋒頭。況且英國跟美國關係一直很好，如果讓英國加入，那不就等於讓美國找到縫隙可以擴大在歐洲的勢力嗎？

眼看著ＥＥＣ越來越活躍，英國的殖民地則是一個個陸續獨立單飛退團去。為了自身政治、經濟利益著想，英國再次低聲下氣地求取ＥＥＣ的入場券。這時戴高樂已經去世，英國終於在一九七三年得到群組邀請，順利入群。

縱然入群了，但歷史上英國從來不屬於歐陸那一群，國內陸續有反對的聲音。英國的國家結構如同戴高樂所說的，確實與歐洲大不相同。歐陸熱中的社會

戴高樂

福利政策，英國向來沒有太大興趣。但加入ＥＥＣ後，英國的財政政策不得不跟這些歐洲國家綁在一起。英國說：「你們要當濫好人，可我沒有啊！」

英國想脫歐，真的不是最近的事啦！一九七五年六月五日，英國就曾針對是否脫離ＥＥＣ舉辦過一次公投，那次的結果有六七．二％的選民支持留在ＥＥＣ。

但是勉強留在一個自己沒那麼喜歡的群組，忍受一堆自己一點也不想要看到的訊息，是一件非常痛苦的事。英國鐵娘子首相柴契爾夫人（Margaret Thatcher，一九二五～二〇一三）就曾經表示：留在ＥＥＣ對英國來說根本是「惡夢」啊！

尤其英國在歷史上自己當老大獨來獨往慣了，待在一個日益由德國強勢主導的ＥＥＣ，實在憋屈到不行，勉強入群的英國活得越來越不像英國。

另一方面，歐陸國家對於英國的反感也沒少過。隨著歐盟正式確立，歐元區不斷擴大，英國還是很堅持使用自己的英鎊，這讓歐陸國家覺得：「你英國人在跩什麼啊！」

英國可不覺得自己跩，畢竟加入歐元區，等於貨幣利率將受到歐洲央行的主導，英國會就此失去擴張或者緊縮貨幣政策的可能，那可都是一個國家強化自身經濟競爭力的手段耶，我為什麼要放棄啊！

這麼不合群的英國，你才是到底為什麼要加入啦！

總之，英國對於歐盟的決定總是意見特別多。對於二〇一〇年歐債危機的爆發（譬如希臘、西班牙這些嚴重赤字的債務國），不少債務國向歐盟借錢來紓困，偏偏歐盟的錢有不少是來自英國繳納的會費！但是英國人覺得你們欠錢憑什麼卻要由我負責買單啊？對於在二〇一一年敘利亞爆發內戰後湧入大量逃到歐洲的難民，歐盟聲稱每個會員國都必須負起平均分攤難民的責任。英國立刻抱怨：為什麼？我不想啊！難民如果引發社會治安問題，你歐盟有要幫我處理嗎？

加入歐盟真的讓英國不是很快樂，英國不想跟著歐盟有疑義的政策同歸於盡，也沒有想陪著歐盟的國家共好共榮。

從頭到尾，英國最喜歡的只有自己。

「我邊緣人，我驕傲。在光榮的孤立下，我只想照顧好自己。」因此，英國脫歐不意外。

分手快樂，祝你快樂，讓我們一起祝福脫歐後的英國。

柴契爾夫人

PART 2

打開課本，有沒有人能讓你不寂寞？

9

惡魔海盜男，歐洲今晚的惡夢
維京人

兇猛的侵略者、野蠻的掠奪者、一群來去如風戴著牛角盔的海盜，你是這樣想像維京人的嗎？被稱為來自海上的戰狼，維京人所到之處似乎就代表著破壞與屠殺。然而這群金髮碧眼、縱橫北海的斯堪地那維亞北方民族，真的有如傳說般的狂暴無情、令人聞風喪膽嗎？

在中世紀稱霸歐洲各大海洋及河流的維京人，除了是知名的突襲者，也是穿越各地的貿易商，更是在哥倫布前五個世紀就穿越了大西洋的探險家。他們的創作者還寫下了迷幻的詩歌與扣人心弦的散文傳奇，讓維京人的故事有著奇異的美麗與精采！

維京人究竟是歐洲人的惡夢還是美夢？讓我們回到西元八世紀來一探究竟。

維京人到底是什麼人？

在二〇一〇年上映的動畫電影《馴龍高手》中，描述維京人住的島上常常遭到龍群的侵襲，主角小嗝嗝渴望成為一位屠龍獵人，但因為缺乏天賦，最後反而成為一位馴龍高手。事實上，維京人的住處不僅不會有龍，還是個鳥不生蛋、烏龜不靠岸的荒涼所在。

維京人起源於現在的北歐一帶，等同於今天的丹麥、挪威、瑞典。由於先天氣候的嚴寒，農耕面積與收成有限，維京人的家園絕大多數是貧瘠的農村，連城鎮都發展不起來。除了農業之外，就是靠著沿海捕魚來謀生了。

入侵英格蘭的北歐人

這群本來窮到要吃土的維京人，在西元七九三年發動第一次的襲擊，一群維京人迅速地打劫了英格蘭的一個小島：林迪斯法恩（Lindisfarne）。

莫名其妙被攻擊的修道院，在

驚恐中帶點呆萌的修士們完全傻眼，眼睜睜地看著維京人帶走一大批財寶與俘虜逃走了。

也許是這次的行動太順利了，接下來維京人去搶蘇格蘭，隔年又殺去愛爾蘭，越搶越遠，越打越有心得，他們從沒想過建立個大帝國，不怎麼占領土地，就是搶了就好！搶了就跑！是的，他們很少停留，來自東法蘭克王國的編年史《富爾達年代記》（The Annals of Fulda）對維京人的記載有一段如是說：「西元八四五年，『北方人』蹂躪了查理的王國，他們駕船沿著塞納河而上，直至巴黎。在收取了查理和當地居民的一大筆贖金後和平地離去了。他們在弗里西亞打了三場仗。第一場他們被擊敗了，但剩餘兩場『北方人』都取得了勝利並殺死對方大量的士兵，並摧毀了薩克森尼的一座城堡，然後他們便離去了。」

他們匆匆地來，迅速地襲擊，然後又離開了。從八世紀到十一世紀，歐洲西北部的沿海小鎮幾乎無一倖免，甚至遠到地中海的君士坦丁堡，也遭遇過這群維京海盜的洗劫。

不過，這群受害者一開始將維京人稱為Danes或Normanni，指的是住在丹麥的人或北方人之意，或是更直白地稱呼他們為野蠻人、海盜。「維京人」這個名詞要到了十一世紀後才開始流行。目前推測可能是源自於「Vik」這個詞語。在古代的維京語言，Vik表示海灣或入口，因此簡單來說，維京人即是指稱一群從海灣衝進來搶劫的人。

那為什麼維京人這麼喜歡組隊搶劫呢？這在歷史上是個難解的謎團，有人說是因為北歐土地貧瘠又人口過剩，只能到處搶了！也有人說是政治動盪不安，各個部落為了爭奪統治權，拚了命用搶劫立戰功。還有說法是在外經商的維京人帶回消息說那些地方很有錢，那就去幹一票吧！

哇～先不管這種把搶劫當日常的生活，是不是太秀下限了！重點是人家很會搶啊。看似莽夫的維京人實則擁有中世紀最強的造船技術，所向披靡的維京長船可是出海貿易或搶劫必備的無敵載具。

中世紀最強龍舟：維京長船

維京人居住的北歐擁有茂密的森林地帶，挪威、瑞典的松樹以及丹麥的橡樹，是打造維京長船的最好素材。他們的長船威力在於長、寬、輕便，在只能仰賴風力的帆船時代，配合有利的風向，時速可以到達每小時二十八公里。長船的特色在於吃水深度極淺，在一公尺深的水域就能夠航行，可以任意登陸海灘，

又得以進入內河，讓維京人經常可以在對方毫無防備、來不及集結的情況下就長驅直入發動突襲。輕巧的船身，能耐得住波濤洶湧的堅固，還能夠讓維京人帶上帶下隨身攜帶，根本就是超方便的一人隨身帳篷。

長船的船首和船尾是對稱的，面對北歐海域經常出沒的冰山與海上浮冰來說，這個設計可以讓船身得以迅速轉向毋需特別掉頭，在快速調整下降低航行風險。船首通常是會雕刻著威武兇惡的龍頭，據說可以用來恐嚇敵人，驅趕海上的邪惡力量。

曾經有許多懷疑論者，認為維京長船長得那麼單薄輕巧，哪有可能讓維京人在歐洲到處浪流連呢？西元二〇〇〇年，位於丹麥的維京海盜船博物館組織了來自丹麥、法羅群島、挪威等地的造船者，耗時四年，嚴格遵循古法製造了一艘等比例複製的維京長船。它從丹麥東部港口起錨，只用了四十多天就航行了接近兩千公里，順利渡過北海抵達愛爾蘭的都柏林，被現任丹麥女王瑪格麗特二

世命名為「海上種馬」。

這次的遠航明確地證明，看似單薄的維京長船比我們想像中的堅固得多。

然而，維京長船不只是為了劫掠而生，更創造了無數的冒險之旅。維京人的骨子裡肯定流著浪跡天涯的血液與勇氣。他們在西元九世紀時，就這樣一路划啊划的，從挪威橫渡到了冰島。大家不要想說這兩個國家都在北歐好像很近的感覺，從挪威到冰島的航海距離將近一千五百公里。當時可還沒有指南針，海上更沒有清水休息站，在維京人到來之前，冰島完全無人居住。這麼天涯海角的世界盡頭，維京人征服了，而且覺得還可以再往西試試看哦！於是在十一世紀的時候他們划到了格陵蘭，今天在我們印象裡落了片白茫茫大地真乾淨的格陵蘭，那個鳥不生蛋的荒蕪之地，最早有一群維京人在那裡種田、養牛、抓海象，並以格陵蘭為跳板，一路持續乘著長船沿岸探索，直到北美洲的東北角。

是的，在哥倫布到達美洲的五百年前，維京人就建立了最早到達北美的航線！今天我們稱哥倫布是探險家，我們才更要尊稱維京人一聲「開海聖王」吧！

神奇的是，面對沒有東西可以搶的格陵蘭，維京人反而不搶了！要知道，即使是在地球氣候的相對暖期，在格陵蘭島生存也非常不容易！這裡缺木材、缺鐵礦，這些開墾土地所必需的物資，幾乎完全依賴進口。高緯度的農作物經常因為氣候不穩而歉收，超級北大荒的格陵蘭根本也沒什麼海商會來靠岸交易。隨著歐洲進入小冰期時代，格陵蘭島的氣溫逐漸下降，一個冬天往往可以長達二十年。你可以代入美國影集《冰與火之歌：權力遊戲》守夜人軍團所駐守的絕境長城進行想像，那就是維京人所生存的地方！而他們卻能在這麼艱困的環境下努力奮鬥了四百多年，

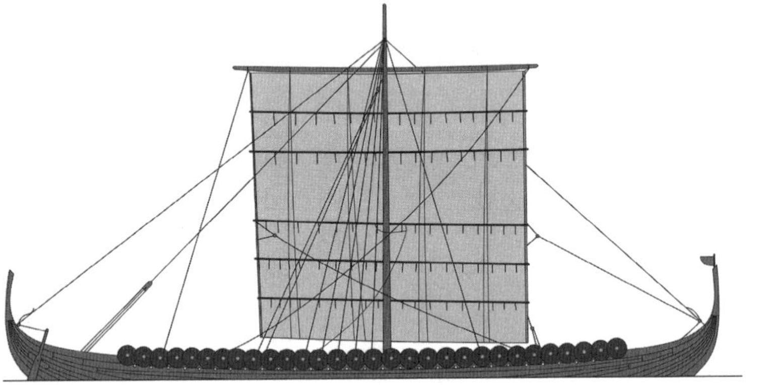

維京長船

撐到不能再撐，直至全然不敵惡劣的氣候才退出。

最捉摸不定的劫掠者，又偏偏是最堅毅恆定的拓荒者，這是什麼樣的北方人浪漫啊！

你要去哪裡？瓦爾哈拉或赫爾海姆

隨著八世紀起，維京人在歐洲威震四方，北歐神話的創作更加完備與成熟，加上維京人在冰島與格陵蘭的發展，冰天雪地的絕望生機讓吟遊詩人們有著更為感性的奇異豪壯。

奧丁

跟燦爛歡鬧的希臘神話比起來，北歐神話總是盡力描述宇宙的毀滅，充滿慘烈戰鬥的世界觀。也許是惡劣的自然環境，那過於漫長的冬天，讓維京人充滿絕望。即使是再偉大英勇的神靈們，終將面對「諸神的黃昏」，那是諸神死亡的時刻，世界注定會毀滅。即便諸神之王奧丁早已預知，也會使盡全力去抵抗，但仍舊無法阻止悲劇發生。世界終將大戰，戰到一片死寂荒蕪，結局只留永劫的黑暗。

如果連強大的諸神都會死亡，那渺小的人類面對死亡也沒有什麼好畏懼的了。對於維京人來說，死亡是必然的。既然要死那就要死個痛快，轟轟烈烈地戰死成為一種最高榮譽。

在他們的信仰裡相信瓦爾哈拉（Valhalla）是死亡的最高殿堂，又稱為「英靈殿」。維京人相信當他們戰死後，諸神之王奧丁會派遣女武神將這批珍貴的死者靈魂「Einherjar」（英靈戰士）帶來此處，享受永恆的幸福。

不過這個永恆的幸福，可能跟你想要的幸福不太一樣喲！瓦爾哈拉據說有五百四十間房間，有著用長矛搭建的宮牆，用金色盾牌築成的屋頂，大廳裡放滿了黃金鎧甲和戰袍。英靈戰士們每天清晨一起床就開始在瓦爾哈拉進行捉對廝殺。

這群為戰而死的英靈們，真的是死了都要戰，不打到淋漓盡致不痛快。說好聽一點是他們死後還在持續訓練，精進彼此的戰鬥技巧。但實際上的畫面是一群死掉的戰士們每天瘋狂砍砍殺殺，試著把室友們都剁成碎屍。反正到了黃昏，瓦爾哈拉的神奇力量能讓他們的傷口癒合，所有的屍塊都能順利接合再生，以便

乘坐騎前往冥界赫爾海姆的奧丁

於明天早上起床再繼續打到彼此頭破血流、屍首分離之類的。

除了有能讓傷口癒合的治癒之術外，瓦爾哈拉每天都還會提供這群戰士們吃不完的神豬肉與濃醇的羊奶蜜酒。我想到這點就不禁思考：「能夠天天buffet吃到飽，為何天天都還是要把同伴往死裡打？」都死過一次了！可以不要再打了嗎？並沒有！

因為做為維京人，最理想的生命形式，就是生前一定要努力戰死，才有機會到瓦爾哈拉，死後到瓦爾哈拉也要繼續每天戰死，那才是身為戰士的羅曼蒂克，是他們最嚮往的生命姿態。

至於因為年老而死或疾病而死的維京人，他們會去到赫爾海姆（Helheim）。那裡是一個寒冷、黑暗，沒有任何生命跡象的地方，沒有女神來接你，也沒有buffet可以吃。你必須要在極度嚴寒的黑暗之地獨自走上九天九夜的崎嶇道路，最終在沉默的死寂中忍受永恆的飢餓與痛苦。

天啊！是不是太過分了？只是因為年紀大而老死就得前往萬劫不復的地獄，我到底做錯什麼啊？

對，你錯了！你怎麼可以沒有為戰鬥而死呢！

現在你有沒有懂得維京人為什麼這麼能戰、這麼好戰的原因了？

這麼愛戰的維京人，在神話裡與維京傳說都有提到所謂狂戰士（Berserker）的存在，這個詞彙的古挪威語形式是berserkr，意指「穿著用熊皮製成外衣的人」。據說他們在戰鬥的時候，只要發動狂戰士之怒的技能，就能進入出神的狂暴狀態，突然湧出如熊般的勇猛力量，會像野獸般地發出嚎叫，在戰鬥時不著盔甲，就能不受刀劍和火的傷害，可於戰場上大顯神威。不過技能發動完畢後，就會全身虛脫、口吐白沫，一種北歐版熊皮乩童上身了又退駕的概念。

這麼狂的狂戰士本來我們都以為應該是奇幻小說裡才會出現的人物吧！狂戰士之怒想必是打電動放大絕的設計吧！但不好意思，現實比你想像的還不可思議。大量的北歐語源與陸續出土的文物，都在在告訴我們狂戰士可能還真的存在哦！

總是讓你難以掌握的維京人，面目其實非常多樣！維京人有著自己一套獨特的文字系統——盧恩字母（Runes）。在今日斯堪地那維亞半島仍可以找到許多刻有神秘符號的符文石，也能看到以盧恩字母書寫的長篇詩歌與英雄傳奇。但維京人並不用它來寫歷史。你不寫歷史，就只能讓別人來書寫你！由於他們曾經帶來幾個世紀的劫掠，那些劫後餘生的受害者發言遍布在歐洲各國編年史、君王傳記，以及教會修士的日記，總將維京人描述成一群野蠻兇暴毫無人性的海盜。

狂戰士

不過凡走過必留下痕跡，維京人走得很遠，留下了許多證據讓我們有機會發現維京人做為殘酷劫掠者的另一面。他們是嗜血的野蠻人，也是進擊的拓荒者。他們有著探險家的勇敢無畏，也帶著工匠的巧思智慧，只要人類持續充滿好奇與想像力，維京人的傳奇就永遠不會過時！即便諸神的黃昏，始終帶著徒勞無功的感傷，那也是只有維京人世世代代與蒼茫北境反覆進行的生存之戰，才能創造出來的末日史詩。

10

我們與聖地的距離
中世紀的背包客

你聽過盧爾德（Lourdes）這個旅遊勝地嗎？它的面積大概等同一個台灣小鄉鎮，人口不到一萬五千人。天龍國大安區隨便抓兩個里民的人數加總，就可以輕鬆樂勝。

但在法國每平方公里所開設的酒店數量，盧爾德只輸給浪漫花都巴黎。到二〇二〇年為止，它坐擁著二百七十間合法旅宿，平均每年招待六百萬名遊客。

盧爾德沒有艾菲爾鐵塔，沒有羅浮宮，更沒有撩人心動的浪漫百吻。

它有的只是神蹟！滿滿的神蹟！據說聖母瑪利亞曾在盧爾德的石窟內顯靈十八次，石窟內的泉水具有療效，凡是飲用過的人們病症都不藥而癒……

不論你信或不信，對於虔誠的教徒而言，上帝彷彿就在這裡，如此神奇！

歐洲從中世紀開始，基督徒們就試著透過肉體

聖地盧爾德

的旅行來縮短自己與上帝的距離：想要前往耶穌與使徒們曾經在這地球上活動過的所在，呼吸耶穌與使徒們曾經呼吸過的空氣，腳踏耶穌與使徒們曾經踏過的土地。每一次當我們越接近神聖的所在，似乎我們的祈禱就越有效，似乎我們的病痛就可以減輕，似乎我們的罪行也多少得到了赦免。

從古至今皆然，無論來自各行各業、貧富貴賤，做為一個虔誠的基督徒，當我們踏上朝聖之旅，我們都是一樣的，持有同樣的信仰，懷著同樣的希望，渴望被救贖，期待被寬恕。每個人都相信神蹟會出現，好讓我們的靈魂與肉體奇蹟式康復！

那麼要前往哪裡？

朝聖必推精選熱門聖地打卡點

講到聖地，大家可能第一時間都會想到耶路撒冷。耶穌在骷髏地被釘上十字架，斷氣後聖體被卸下，塗上膏油準備下葬，死後又復活的聖墓教堂就位於耶路撒冷。

但是對於古時候的人來說，耶路撒冷真的很遙遠啊啊啊！對於預算有限，時間有限的朝聖旅人來說，有沒有什麼節省成本的替代方案呢？

有啊！而且很多。

以下由小編我為大家整理出幾個中世紀最夯、最熱門又相較容易抵達的「朝聖景點推薦」。不管是在中世紀還是現代，都是ＩＧ網美網基督徒們最愛的拍照打卡點喔！

一、坎特伯里（Canterbury）

位於倫敦東南方的坎特伯里，是基督教擴張時期，在不列顛地區第一座插旗的城市。因此坎特伯里大主教的地位崇高，經常負責主持英國國王的加冕儀式。一九五三年英國女王伊莉莎白二世即是由坎特伯里大主教為她塗上聖膏油，並獻上國家之劍、主權之球，戴上聖愛德華的皇冠，完成加冕儀式。

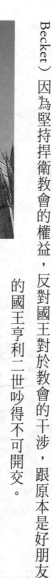

但坎特伯里之所以成為聖地，並不是因為大主教是權貴的關係，是因為在十二世紀這裡發生一樁震驚世人的兇殺案！大主教湯馬士．貝克特（Thomas Becket）因為堅持捍衛教會的權益，反對國王對於教會的干涉，跟原本是好朋友的國王亨利二世吵得不可開交。

坎特伯里大教堂

亨利二世做為國王一肚子憋屈到處吐苦水：「有沒有人可以讓他閉嘴，讓我少受點折磨啊？」

四個死忠但腦袋空空的騎士就直接衝到坎特伯里大教堂把湯馬士給砍了。

在神聖的殿堂公然擊殺基督教的捍衛者，這是對上帝的褻瀆啊！充分體驗到禍從口出的亨利二世被整個歐洲罵到臭頭，當時的教宗也說要跟他絕交！被所有人當成幕後主謀與殺人共犯的亨利二世委屈到不行。他領悟到一個道理：那就是傷心的

被殺於坎特伯里大教堂大主教——湯馬士

人別聽慢歌，而抱怨的人別出一張嘴。你永遠不知道一句話觸發的combo連續技到底最後會怎樣傷害到你。亨利二世後來赤裸上身走到了坎特伯里，匍匐在湯馬士的墓前，讓所有的修士盡情鞭打自己。國王隨後跪下懺悔，向眾人表示願意領導十字軍前往聖地作戰以用來贖罪。

至於殉教的湯馬士沒有變成小火車，人們紛紛讚頌湯馬士的聖潔，感佩他堅守上帝在人間的權力不受世俗王權的威脅，甘願獻上自己的生命，前來朝聖這位烈士殉職現場的人潮絡繹不絕。他去世兩年後，很快地就被封聖，成為基督教又一位人氣聖人。

湯馬士以身殉教的犧牲情操，還將兇殺案的殺戮血腥轉化成神蹟與商機。坎特伯里的鄉民們設法取得了一塊浸在他血液中的布，放出傳言說：「只要觸摸到這塊布，人們就可以治癒失明、癲癇和痲瘋病。」不久之後，坎特伯里大教堂的修士也開始向遊客販賣小玻璃瓶裝的「聖水」，標榜著取用了湯馬士的血與水稀釋而成，同樣具有治病的神奇功效。

不管你相信與否，確實有不少使用者紛紛分享神奇的療效，這讓坎特伯里的朝聖者源源不絕，直至今日。

二、羅馬（Rome）

大家千萬不要以為羅馬只是羅馬帝國的首都，做為曾經是迫害基督徒最兇殘的帝國中心，羅馬無疑是殉道者最多的地方。再加上耶穌的兩大弟子，聖保羅、聖彼得於此處遇難殉教後，宣布基督教合法化的君士坦丁皇帝，分別在兩位聖徒的墳墓上，興建了大殿。其中的聖伯多祿大殿經過不斷的整修與擴建，成為今天我們所熟知全世界最大的教堂——聖彼得大教堂，這也讓羅馬成為和耶路撒冷並列為朝聖者心中的兩大夢幻聖地。

在基督教的信仰中，聖經曾提及「禧年」的概念，在這一年必須傳達神的恩典，向所有的信眾布達自由，頒布「大赦」（拉丁語：indulgentia）。「大赦」表示：上帝在此刻寬恕人類的罪過沒有止境。上帝的慈悲在大赦期間就像一把強力的吸塵器那樣，帶走生活的一切塵埃，讓人類回到乾淨清白的狀態。

西元一三〇〇年是羅馬教廷第一次慶祝禧年，當時的教宗宣告這一年會是「寬恕所有罪過之年」，當然，信徒們也必須達成一定的條件，才能夠獲得罪罰的赦免。例如：朝聖。

由於當時東方的耶路撒冷已被異教徒占領，朝聖困難，於是教宗宣布只要

聖彼得大教堂

到聖彼得及聖保羅墓前進行真誠的懺悔祈禱。羅馬在地居民需要禱告三十天，外來旅客減半優惠十五天，就能夠獲得一生所有罪惡的大赦。

在那個交通不便的時代，那年湧進羅馬向上帝祈禱以求大赦的人們估計有二十萬人。

第二次世界大戰結束後，教宗庇護十二世（Pius XII）宣布一九五〇年為禧年。他歡迎所有的人都來到羅馬，彼此寬恕包容，重修舊好，共創一個和平有愛的新世界。為此，禧年上帝慈悲禮包大放送，禱告不需要天數上限了，只要有來羅馬四大聖殿各走一趟並完整交代自己的罪過，就能取得大赦。那年，大約有三百萬人來到羅馬朝聖，完成洗白的心安之旅。

每一次禧年的到來，除了信徒們很期待之外，羅馬的觀光業者也非常開心！為了準備禧年的到來，羅馬的旅館總會提前倍數地增長。羅馬市政府觀光局還會推出獨家行程，讓前來的遊客不只是單純走訪四大聖殿，還會包裹進一些私房的羅馬秘境。讓信徒們一口氣達到贖罪與旅行的雙重目的，快樂無比。

目前羅馬教廷除了有特殊理由外，每二十五年會慶祝禧年一次，下一個禧年已經定於二〇二五年舉行。你相信上帝嗎？你渴望被赦免嗎？或者你只想去羅馬吃冰淇淋。只要未來疫情無虞，那麼出發前往羅馬的機票也許可以準備訂下去。

三、聖地牙哥德孔波斯特拉（Santiago de Compostela）

聖地牙哥德孔波斯特拉這個中文翻譯長得要命的地名位於今天西班牙的西北方，做為耶穌十二門徒之一的雅各曾在西班牙傳教七年，他是十二門徒中的第一位殉道者，面臨死刑時的冷靜無畏感化了誣告他的人。讓人動容的雅各死後葬在當地，但多少年過去卻沒有人能找得到確切的遺骨所在，讓整個歐洲的基督徒都為之糾結。

直到西元九世紀，一位隱士循著夜空中閃亮的星芒前進，在森林的深處發現了雅各的墓地。人們於是在此建立教堂來紀念祂。

Diego是雅各Jacob的西班牙文，Compostela則取自拉丁文campus stellae，意指繁星之地。所以這地名聖地牙哥德孔波斯特拉雖然念起來像繞口令，其實就是意指繁星下的聖雅各。

不管你從哪裡出發，凡是能夠抵達終點聖地牙哥德孔波斯特拉的路線都被稱為朝聖之路。據說，能夠完成朝聖之路抵達繁星之地的教徒們，得以被赦免身上的罪孽並獲得救贖。

從中世紀以來，四面八方都有前往繁星之地的虔誠教徒，到了近代，朝聖

聖地牙哥德孔波斯特拉

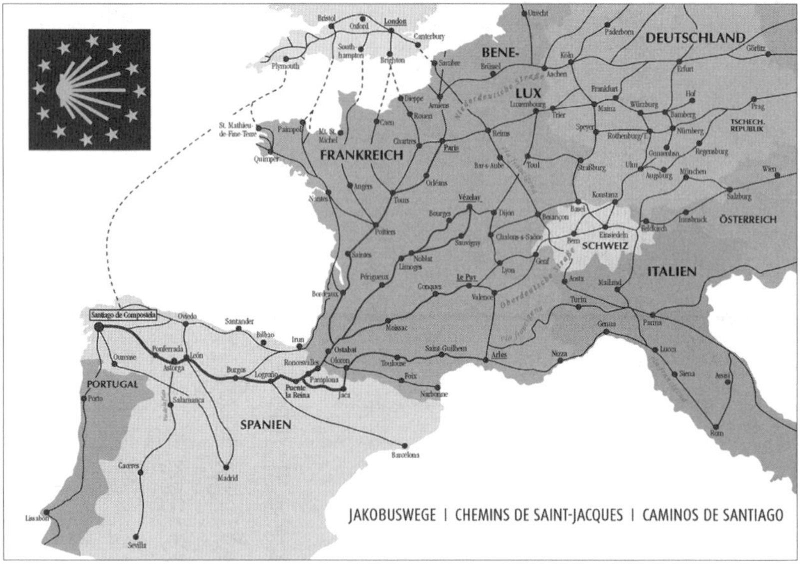

聖雅各之路 © Manfred Zentgraf, Volkach, Germany (CC BY-SA 3.0)

之路又有著世界上最美的徒步路線之稱。吸引著來自全球的背包客、健行者趨之若鶩，朝聖之路進化成「潮」聖之路。只要走過一遭，就能成為最潮的旅人。

聖地牙哥大教堂並為上路的旅人推出朝聖者護照「The Pilgrim's Credencial」。如果你是蒐集狂請一定要去申請，可以在沿路上的旅館、教堂、市政廳等地獲得戳章！但為了要強調虔誠神聖的宗教性，這本護照只適用於徒步旅行、單車或騎馬前往的朝聖者。你若是乘著風遊盪在藍天邊的開車自駕者，拜託請不要作弊。持有護照者，在到達聖雅各之墓前的最後一百公里，若能夠完全地採用步行抵達，還能拿到一張「Compostela」朝聖證書。

就像我們台灣有著泳渡日月潭證書、百岳登頂證書，無論為了什麼理由出發，離開了日常生活，獻上體能的極限，用肉體去回應大自然的考驗，那張證書就不會只是一張微薄的紙，而是乘載著我們勇於出走的決心與堅持完成的意志力。

出發，就是旅行的意義

不管你要前往哪個聖地，出發前，朝聖者通常會從當地教堂的神父那兒取得祝福，並且先做一番充分的告解。為了沿路彰顯你是一位朝聖者，請記得穿著

朝聖路上的「扇貝」路標

朝聖標準裝備：一雙結實耐磨的鞋子、一件皮革或羊毛製的斗篷披風、一頂寬大的遮陽帽、一個裝水的葫蘆、一根幫助行走的木杖、一本隨身祈禱用的福音。

就跟現在的登山客一樣，你老遠看到那身裝備，就知道是朝聖者啊！獲得這個身分標籤是有些福利的。一路上許多的修道院會為他們提供食物、住宿與禱告的場所，路上遇到的夥伴也會大方分享前進的乾糧與飲水。一路上即使辛苦，也能隨時血拚買點紀念品。許多藝術家會搭配宗教主題精心製作朝聖小物，從簡單的聖像徽章、裝有聖水的小瓶子、細緻的聖人微型遺物，以及前往聖雅各之墓最重要的象徵——扇貝。

據說聖雅各死後，屍體在運送到西班牙的路上遇到了暴風雨，祂的屍體被沖到了伊比利半島的海岸，在滿滿的扇貝覆蓋下毫無損壞。因此中世紀雖然還沒有推出朝聖護照，每個前往繁星之地的旅人都會配戴著一個扇貝殼，象徵著保護、庇佑的意義。另外，扇貝殼上的輻射線皆起源於一個點，這也象徵了這世上所有的道路都通向聖雅各之墓的朝聖之路。更重要的是，扇貝還提供非常實用的功能。有需要的時候，隨時可以變身成舀水、吃飯的器皿。

無論是什麼樣的紀念品，只要你平安歸來，不僅能向朋友們炫耀，更能在未來某個禱告的瞬間，提醒你曾經走過一趟奇異恩典的時刻。

你什麼時候會想去旅行呢？

是否在生活過得反覆厭膩的時候？是否是工作壓力過於緊繃的時候？是否覺得困頓挫敗特別不順心的時候？很多時候，我們想離開熟悉的生活，是為了離開那些俘虜靈魂的俗務，離開那些不想面對的狀態與情緒。

走向陌生，是為了重新整理。去一個不熟悉的地方在摸索中小心翼翼地前進，有疲憊、有不適、有很多潛在的危險，在應對中似乎才看見自己真實靈魂的樣貌。與沿路上各式各樣不熟悉的人互動，或許仰賴旅伴、或許依靠路人，才發現原來人類可以這樣真誠無私地互助。原來世界很大，原來有那麼多種生存的姿態，如果我曾經小鼻子小眼睛，肉體的出走或許能夠帶來心靈的開闊。

我沒有要你為了上帝而出發，但你可以為了自己而前進。旅程中大概沒有神蹟，終點站的聖人也早已逝去。我們離開只是為了再回來，用新的視野與新的姿態重新好好生活。在脫去宗教的包裝後，我想這就是朝聖真正的意義。

11

掀起宗教改革的嘴砲戰神
馬丁・路德

他是一位虔誠的修士，他擁有著神學博士的學位，他還擔任主攻聖經研究的大學教授，能將整部新約聖經倒背如流，對於信仰的巨大熱情不容任何人懷疑。

然而，他被教宗指稱是一頭擅闖上帝葡萄園的野豬。神聖羅馬帝國皇帝將他視為是惡魔的化身，公開下令全國不准私下或公開地閱讀他的作品，不准幫助他、支持他，只要見到他，就是抓住他，逮捕他。

他掀起了歐洲宗教改革的滔天巨浪，他的每一句話都讓羅馬教廷日夜戰慄，這個翻天覆地的男人，今日被譽為是基督教的先知，是上帝的牧者，是許多現代歐洲人心中最偉大的德國人。

他是馬丁・路德（Martin Luther），是十六世紀那個時代的喉舌，也是那個時代的刀劍！原本他可能一生默默無聞，但贖罪券的荒謬引爆了這個男人，讓他戰鬥力突破地表，嗆辣地躍上歷史舞台。

有錢就可以任性的贖罪券

生而為人，我就有罪，非常抱歉。

在基督教的世界觀裡認為人生而有罪，每個人一出生就繼承了亞當偷吃蘋果，被撒旦引誘墮落後的罪性，這罪一代傳給一代，無法消滅，人這一生就是要不斷行善來贖清罪孽。

馬丁・路德

可是我們人啊又很容易犯罪：發文不附圖、麵線加香菜、聯絡簿忘了給媽媽簽、辦公室團訂下午茶沒有揪同事，反正隨隨便便都能活得罪孽深重！所以要成為完美無瑕的善人直奔天堂，很難。但要罪大惡極立刻摔進地獄，也沒那麼容易。小奸小惡的凡人們死後要去哪裡呢？在天堂與地獄之間，上

利奧十世

帝特別提供了一個稱為「煉獄」的地方。我們可以在煉獄將身上的罪孽加以淨化，好好反省懺悔，洗滌靈魂後，就有機會到天堂了。

感覺死掉以後還是要過著很麻煩的生活呢！不過，不用擔心！只要購買羅馬教廷推出的贖罪券，死後立刻讓你全身洗白skip掉煉獄，綁定天堂快速通關！絕對是最超值的coupon。

贖罪券這麼有意思的概念，最早是在十字軍東征的時候發明的，為了加強對於這場「聖戰」的向心力及參與度，教宗烏爾班二世（Pope Urban II）宣布參與十字軍者或贊助東征人士可以抵銷他們人生以來所有的罪罰。

到了馬丁．路德時代的教宗是利奧十世（Leo X），他出身於佛羅倫斯那個愛好藝術的豪門梅迪奇家族，最喜歡搞一些華麗的文創事業。他本人的加冕典禮砸了一堆錢，辦成一個豪奢盛大的藝術節，找來了上千名藝術家在活動的街道上搭起了拱門，沿路鋪滿鮮花與雕塑。接著還委託文藝復興時代知名的花美男拉斐爾擔任建築總監，為他重建聖彼得大教堂，這又是一項耗資鉅大的工程。

為了籌措經費，利奧十世喊出：「雙11絕不退讓，罪孽滿額現折111！」「年度最強！完全贖罪！破盤下殺大減罪！」

總之，他頒布了一種很超值的贖罪券，只要購買了這種贖罪券的人，可以

「完全地贖罪」、「獲得所有罪孽的寬恕」。

「甘啊捏?!」馬丁．路德不僅對贖罪券的效用不以為然，更是怒火中燒，這樣的營利行為已經侮辱了信仰的神聖與高潔。

九十五條論綱：印刷術的威力

這是一個嚴重的道德問題。你能想像今天殺人放火的罪犯，只要轉帳一百萬買張贖罪券，當上帝對完匯款後五碼，確認轉帳成功後，馬上就將他的罪行一筆勾銷，靈魂即刻獲得淨化？

上帝你這樣不行吧！殺了人至少要付個一千萬?!欸~不是啊，重點不是錢的多寡吧！是我們在道德上的缺失，或者是根本已經實質違法的行為，怎麼可以用錢來計價替代懲罰呢?!

馬丁．路德認為在信仰中，對於上帝的告解與懺悔，是要我們人類真誠地面對神，並進行自己過錯的省察。唯有真心認錯甘心受罰，才能進一步做行為的改正與精神面的昇華。自詡為上帝代言人的羅馬教廷居然利用一般人性恐懼刑罰的逃避心態，將贖罪變成了一種斂財的工具，這秀盡了下限！

超值「贖罪券」販售中

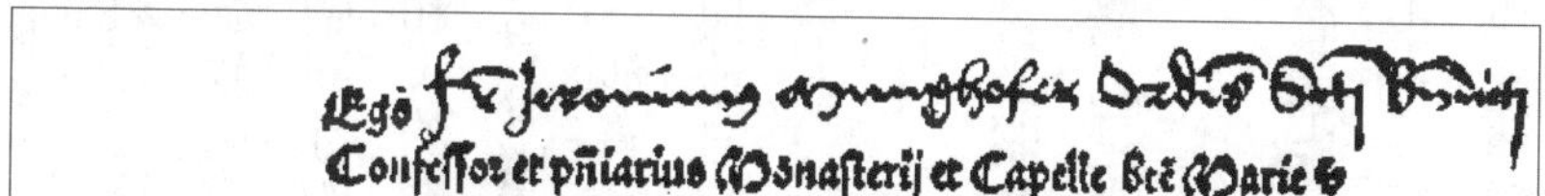

Ego
Confessor et pñiarius Monasterij et Capelle bte Marie v-
ginis diuinitus consecrate loci heremitarũ Cõstañ. dyoc. de
putatus pñibus recognosco discret
dictũ locũ et Capellã visi-
tasse mihiqz sua pctã in forma ecclesie confessz et auctorita-
te a sede aplica mihi in hac parte cõcessa iniũcta pnia saluta-
ri absolut In quorũ fide pñtes litteras tradidi sigilloqz in
huiusmodi litteris cõsueto signaui. Anno M.ccccc.xxi

1521年發出的全大赦證明書

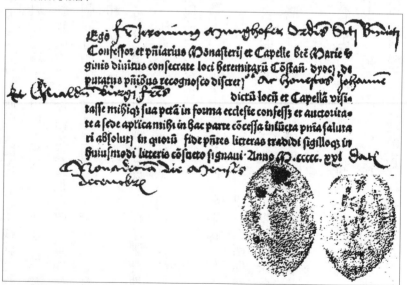

現在信徒們可以不用花時間反省，不用花力氣悔過，反正只要花錢就能夠解決一切。可以不分是非，不管後果，只要有錢，就可以任性妄為。馬丁．路德堅信這是完全違背信仰的事。他認為得神赦免的唯一途徑是真誠地悔改，贖罪券根本不可能救贖神所要人面對的刑罰。贖罪券的發行純然是教會的貪婪，而這樣的貪婪將毀滅信仰的神聖，並分裂了人和神的關係。

做為一個神學教授的馬丁．路德，對於贖罪券有各種的批判，洋洋灑灑地列出了九十五點想法。西元一五一七年，他將之張貼在當地教堂的門口：《關於贖罪券意義與效果之見解》，歡迎大家與他討論交流。

他想也沒想過，這樣的一個動作，成了歐洲歷史上宗教改革啟動的關鍵時刻。

馬丁．路德本來只是想要來場神學的討論，希望教會人士可以針對贖罪券的販賣進行檢討。就好像今天我們在臉書公開貼文分享自己的學術論點，徵求各方好友留言討論的概念。原本的期待大概就是幾個好友按讚的數量，有幾則留言就不得了了。

沒想到這篇公告在當地受到學生大量地觀看與討論，還有人把這份用拉丁文寫成的公告用德文進行翻譯，並採用十五世紀發明家古騰堡所設計的印刷機大量印製發行。這《九十五條論綱》，很快地傳遍日耳曼地區和整個歐洲。這下子

馬丁·路德的《關於贖罪券意義與效果之見解》

不只按讚數暴衝，轉貼分享量也直線飆高，這一切超出馬丁．路德所能想像的，發個文後，一覺醒來立刻變成歐洲國民網紅。

科技改變了馬丁．路德，也改變了歷史。如果沒有印刷術的出現，馬丁．路德頂多是個當地學生議論紛紛的憤青教授。活字版印刷的新科技，讓大量印刷變得可能，讓傳播速度得以加快，讓馬丁．路德的論點流行普及到得以挑戰當時羅馬教廷的權威。這篇文章動搖了原先歐洲既有的政治和宗教秩序，也讓馬丁．路德陷入了生命中最大的危機。

一五一八年，馬丁．路德接到一張來自羅馬法院的傳票，要他在六十天內到羅馬出庭，理由是他詆毀羅馬教廷並充斥異端言論。接下來的三年，他一個人用他的筆、他的嘴，展開了宗教史上最火熱的戰鬥。

嘴砲戰神：這是我的立場

在那個年代，被指控為異端，幾乎等於性命沒了一半，也要做好審判結束就差不多被綁上火刑柱的準備。馬丁．路德在這樣的壓力下，反而從九十五條論點的基礎上不斷延伸，不斷發展自己的宗教思想。他呼籲日耳曼地區的民眾應該對羅馬教廷的失德與無能有所覺醒；他大力幹譙羅馬教廷在地方上任意搜刮財富濫用權力；他鼓勵地方的諸侯貴族們應該要抵制羅馬教廷的專權奢侈；他批評羅馬教廷透過各種繁複的儀式與制度來制約信徒。

儘管馬丁．路德這張嘴的火力十足，但羅馬教廷也並非吃素的小綿羊，在一五二〇年，教宗在各地發出公告，列舉四十一條馬丁．路德所犯的錯誤，並下詔焚燒他的書籍，要求他務必撤銷他所有言論。不過，個性剛烈的路德教授完全不甘示弱，找了一群同事跟學生，在學校的廣場公開焚毀教宗的公告詔令。

隔年，教宗火了！直接下達基督教世界最嚴厲的懲罰：開除馬丁．路德的教籍。可別小看這件事，在基督教失去基督徒身分，是基督教所有懲罰中最嚴厲的一種，被稱為「絕罰」（拉丁語：Excommunicatio），又被稱為「破門律」。意思就是你被基督教世界掃地出門了，你已經沒救到上帝都放棄了。這是來自教廷最可怕的詛咒「The Roman curse」。從此在歐洲世界人人得以誅之，所有收留你、幫助你、認同你，甚至任何同情你的人都會被剝奪財產與地位，並且禍延子孫。這可說是關係霸凌的最強等級！

在這麼險惡的情況下，馬丁．路德的生命岌岌可危。當時的神聖羅馬帝國皇帝查理五世（Karl V）召開了沃木斯議會（Imperial Diet at Worms），他給了馬

在沃木斯議會受審的馬丁．路德

丁．路德最後一次公開認錯的機會。他期待路德能夠在此諸侯齊聚的皇家議會上，公開低頭，承認他的言論失當，收回過去所有的主張，還給羅馬教廷失去的顏面。

馬丁．路德沒有讓你失望，他那鋒利的性格讓他每一句話都夾槍帶棒鏗鏘有力！

「除非聖經或有任何明確的理據說服我，我只依循聖經的記載，我只受上帝話語的約束。我不能，也不願收回任何的意見！因為違背良心既危險也是錯誤的。我不會那樣做。這是我的立場，上帝助我，阿門。」

會開完後，查理五世下詔神聖羅馬帝國奉行教宗之詔令：馬丁．路德是帝國的罪犯與公敵，人人得以擊殺。

馬丁．路德變裝成一個貧農進行逃亡，在薩克森選侯腓特烈三世（Friedrich III der

Weise）的支持與保護下，隱居了將近一年。成為全國頭號通緝犯的日子，我們似乎看不到馬丁．路德有任何的不安與恐懼，他持續地寫作發表，文辭依然大膽犀利，積極擴張他的話語霸權捲起宗教改革的巨浪。這期間他完成最重要的工作，是將《聖經》翻譯成一般老百姓也看得懂的德文。

薩克森選侯腓特烈三世

因信稱義：我也能接近上帝

馬丁．路德認為信仰就是自由的源頭。做為一個基督徒不需要被教會綁架，不需要透過神父的指導；只要我有對上帝的信心，只要直接向上帝禱告，就能得到上帝的恩典，信仰就是那麼簡單，這就是「因信稱義」。因為太簡單了，只要你願意相信，只要你持續禱告，你就能接近上帝。不需要聽神父講道，也不用參與教會繁複的聖禮，對一般人來說非常具有吸引力。

馬丁．路德認為信仰的源頭就在於閱讀聖經，只要能夠讀懂聖經，便能瞭解神的旨意，就能知道我們正在走的是神指引的道路。而為了讓每個人都能自行閱讀聖經，他將聖經翻譯成德文。

過去的聖經主要是用拉丁文或希臘文寫成，那是學術的典雅語言，沒有受過完整的博雅教育，難以閱讀及理解。德文則是一種平民的口語語言，只要能識字，即可輕易地上手。

為了讓人人都能自己讀懂聖經，馬丁．路德除了翻譯出德文聖經外，也不斷鼓吹讓每個孩子都能有基本識字的能力；為此，他不斷發表文章論述自己的想法。西元一五三〇年路德寫下〈論送子女入學的責任〉一文：「我認為，世俗政權有責任強迫老百姓送其子女入學，這是有益的！……這並不是要奪走父母親的孩子，而是為了他們自己和公共的利益必須受到教育。」也因此這位宗教改革的戰神，不只是對於神學主張有其貢獻，他大力倡議義務教育的必要性，也點醒國家政府必須負起提供人民教育的責任。

路德的主張對於西歐近代公共教育的發展有深遠的影響。一五五七年馬丁．路德居住的薩克森地區威登堡公國，公布了歷史上第一部義務教育法。在宗教改革後的幾十年內，日耳曼地區與北歐的新教徒識字率有著明顯的提升。他可說是藉著宗教改革的推力，讓新教區進而誕生了歐洲最早的國民初等教育。

而也許是因為太接近上帝了，馬丁．路德一路走來似乎無畏無懼，就算要與整個世界為敵，他依然動搖不移。他曾經寫下：「我不懂得什麼是小心或尊敬。我激烈、諷刺，且無懼……我不會因為群眾的反對而退縮，事實是他們越憤怒，我的精神就越昂揚。」

在過去，有多少挑戰羅馬教廷的信仰者啊，有的退卻了，有的犧牲了；宗教改革當然不是一時一地的產物，是許多人前仆後繼的過程。然而，馬丁．路德獨立發難且堅持到底，在過程中越戰越強的勇氣，讓改革的火焰得以持續燃燒，直至整個歐洲都因此發燙。

你願意為了你堅持的理想走多遠呢？

我不怕千萬人阻擋，只怕自己投降！以剛克剛的堅持，這是馬丁．路德的倔強。

12

鍍金時代的荒野大鏢客
牛仔好忙

一臉放蕩不羈的男子，戴著寬簷的高頂帽，穿著全身牛仔勁裝，腰挎著左輪手槍，足蹬著高筒皮靴，騎著風馳電掣的快馬迎面而來！

他粗野威猛，他瀟脫率性，他在酒吧都只點啤酒，他槍口沒長眼睛，他感覺每天都在把妹與決鬥。

不用麻煩了，我直接說答案：「他是牛仔，好萊塢電影裡的牛仔。」

真實歷史的牛仔們沒有那麼浪漫帥氣，他們的日常是在孤獨的曠野裡，從事一天超過十五個小時極度艱苦勞累的工作。

在南北戰爭（一八六一～一八六五）結束後，美國進入歷史上的「鍍金時代」，那是一個美國財富狂飆猛漲，市場一片長紅的美好時代！隨著工業化的轉型，對於技術工人的渴求，吸引了數百萬歐洲移民前往這片土地試著實現心中的美國夢。美國熱絡的經濟景氣與從事工業人口的激增，皆意味著肉品消費市場的大量需求！

想想終於領到一筆讓你眼睛發亮的薪水時，你會想大啃蔬菜棒還是大口吃燒肉？想想當你忙了一天勞動工作後，牛排跟沙拉誰能救贖你的疲憊？各位師兄師姐得罪了！是肉啊！

不僅美國人有著無肉不歡的大量需求！同一時間，歐洲市場也渴望美牛。在一八六〇至一八九〇這三十年間，美國向西歐出口的肉類與相關製品的貿易額由一百五十萬美元上升到一千七百三十萬美元。

而此時交通建設的強化更助長了美國畜牧業的擴張。在南北戰爭時美國鐵路總長度才四．八萬公里，到了一九〇〇年時已超過了三十萬公里，這數字整整大於當時歐洲各國鐵路加起來的總長度。當遼闊的西部已遍布綿密的鐵路網，當橫貫東西的鐵路幹道都一一完工，西部牧區的肉品就能透過發達的交通網路送往人口集中的美國東部，進而輸出到大西洋另一端的歐洲市場。

有市場對於肉品的大量需求，加上鐵路交通讓一切貨暢其流，牧牛業就成為南北戰爭後廣袤西部草原最亮眼的淘金標的！

於是，牛仔們，歷史在呼喚你，一起準備好迎接冒險時代了！

牛仔很忙，因為牛很麻煩

從南北戰爭後，美國的牧牛區因為市場的大量需求從南方的德州一路向北，一路朝西，不斷擴張！牧場的增加與規模擴大，召喚了來自各地投身於牛仔事業的人們。

大部分的人是想要脫離貧困、尋找致富機會而成為牛仔，也有一小部分的人則是罪犯，為了躲避牢獄之災前往浩瀚西部，選擇躲在牧場做為自己的藏身之處。還有一群懷抱理想泡泡的年輕人，基於一種愛與冒險的精神，他們認為城市生活枯燥乏味，只有沒天良的慣老闆與冷冰冰的機器，與其做血汗勞工，不如讓我們紅塵作伴活得瀟瀟灑灑，一起策馬奔騰共享人世繁華。

但理想與現實總是有著巨大的鴻溝。

牛仔的基本工作是照顧管理牛群。你千萬不要以為養牛跟課本裡記載的王冕少年時代一樣簡單，可以一邊放牛一邊讀書，還能順便畫幾枝雨後的荷花！

美國的牛仔，一次要管理的牛群，少則幾百頭，多則三千頭。要帶著千百頭的牛，讓牠們好好散步、好好吃飯，是一件非常辛苦的事！

當時的牧場主要畜養的牛隻品種是德州長角牛，這種牛的角一般可以長到二・五公尺以上。雖然平常個性溫和，但牛一旦牛起來的時候，性情暴烈蠻橫，十個牛仔也擋不住。

沒有人想去招惹牛，可是在這西部大平原上就是有很多動物會來招惹人家的牛。譬如漫遊在西部的美洲野馬、剛冬眠睡醒需要進食的美國黑熊，只要一不小心晃進牧區，就會引發牛群的驚慌與失控。

於是牛仔們不僅像個導遊必須每天帶著牛群散步吃草，並確保牠們團進團出，還得像個保鏢在牧區四周定時騎馬巡視，驅趕野獸與伺機劫掠的印第安人。

德州長角牛

做為牛群們最重要的四季保母：春天有雨，牛牛們只顧吃草不看路，一路跌進泥巴坑裡，牛仔忙著撈牛；夏天過分炎熱乾燥，為避免牧區失火，牛仔必須挖掘多道溝渠做為草原上的防火線；到了多事之秋，牛仔們忙著幫牛群儲備過冬的草料；而冬季寒冷，時常雨雪冰雹，牛仔成天蒐集取暖生火用的柴草，防止牛牛們被凍死。

以上都還只是日常例行的工作。牛仔們最吃重的任務，是想來都覺得心累的「長途驅趕」。

所謂「長途驅趕」指的是牛仔必須將已足齡的牛群從牧場驅趕到大型城市，那裡有鐵道車站可將牛群裝上火車運往東部，以滿足市場對於牛肉的需求，也才能創造牛隻最大的經濟價值。因為一頭牛在產區德州只值三至五美元，然而運到中西部就可賣到三十到四十美元，再賣到美東的大都會紐約就能夠飆漲到八十五美元。

因此，就算沿途再危險，牛還是要趕！

一般而言，一支理想的驅趕牛隊約由十一～十二人組成，包括老闆、一位看馬人、兩個車夫、一名廚師和六、七個牛仔，平均驅趕二千～三千頭牛，每天前進的速度不可以太快，因為不能讓牛運動量過大，以至於減肥成功，那麼讓牛肉美味的關鍵——油花就會過少。因此平均一天只能前進十六～二十四公里左右。

欸～我光是帶學生去畢業旅行就緊張得要死了，你想想人家牛仔要帶三千頭牛出門，那該有多難！

人家牛沒有遊覽車可以坐，也沒有高速公路可以通行。在長途驅趕的路

科羅拉多牧場（1898年）

上，有時候必須要翻過陡峭的山嶺，涉過湍急的河流。牛仔時而是牛牛們的高山嚮導，要鼓勵牛一步一步向上爬；時而成為牛牛們的溯溪教練，耐心地誘哄牛牛大膽地通過激流處。

只要隨時來根沿河而下的漂流木或是突然間降下的午後雷陣雨，都會引起牛牛們的驚逃。千百條牛會在過河的途中亂衝亂撞，有些小牛這時候就會被激流沖走或被漩渦吞沒。這時候牛仔必須要有一夫當關萬牛冷靜的氣場！用大聲吼叫或又踹又打，使盡一切手段讓牛群們Keep Calm and Carry On。我猜英國人在二戰時對抗納粹的勇氣也許是跟牛仔學來的！

除了大自然的挑戰外，長途驅趕的路上還要提防的是印第安人的騷擾或是武裝強盜的襲擊。為了保護牛群，牛仔們會配備火力，用槍向敵人發出警告信號，甚或直接交火決鬥！死神隨時埋伏在旁的壓力，不僅是對牛仔體力的考驗，更是精神意志力的折騰！在長途驅趕的過程中，牛仔們每天至少要精神緊繃長達十八個小時以上。如果當天一切順利、天氣又平穩，牛仔們一個晚上能睡五小時。如果遇到壞天氣或是意外發生，能睡上一小時就算老天有保佑了。

那些不務正業的牛仔們

一九六四年上映的《荒野大鏢客》大概是影史上最著名的西部牛仔經典片了。這部將近六十歲的資深老電影，IMDb的分數高達八分。劇情十分單純，講述一個槍法過人的牛仔來到墨西哥的一個小鎮，小鎮上有著兩個勢不兩立的幫派，每天都試著消滅對方讓自己得以在鎮上獨大。帥氣的牛仔男主角最後消滅掉所有滋事分子，讓小鎮重新回到和平的幸福日子。

這部電影捧紅了克林．伊斯威特，讓他從此成為銀幕硬漢的代表，而劇中

（左）荒野大鏢客（右）比利小子

男主角神速掏槍行俠仗義的模樣則隨著電影賣座，成為牛仔刻在我們心底的印象。

而最赫赫有名的牛仔名人非比利小子（Henry McCarty，一八五九～一八八一）莫屬，做為許多電影、書籍、遊戲創作的人物原型，有人說他是從拔槍到開槍只要〇・三秒的神槍手，到處替西部民眾除暴安良的遊俠牛仔！但他同時也是犯下多起命案，曾經槍殺警長的亡命狂徒！他有時充滿魅力且友善禮貌，有時又暴跳如雷殺人不眨眼。做為一個傳奇的通緝犯，當時美國的西部城鎮到處張貼著比利小子的懸賞海報。而這場警匪大戰的結局是比利小子被警方開槍射殺，當場斃命。

不過，在我們已經瞭解牛仔真實的工作環境後，就會知道無論是《荒野大鏢客》裡的男主角，還是「美國牛仔界廖添丁」——比利小子，他們都是不務正業的牛仔們！

老實工作的牛仔，每天都在牧區裡忙著跟牛牛們你是風兒我是沙，哪有空成天練習槍法，讓子彈飛來飛去？真正的牛仔們修圍欄的速度遠比拔槍來得快！

正港的牛仔一整年下來，絕大部分時間都在大草原放牛、趕牛，只有在長途驅趕時才有機會帶著幾千頭牛來到繁華的城鎮。好不容易送牛平安上火車了，總算結束精神緊繃的趕牛勞頓，哪個牛仔會有心情跟幫派火併械鬥呢？哪個牛仔會閒到主動跟警方挑釁咧？這時候的牛仔們只想在拿到工資後立刻去大肆解放。是的，他們接下來會到鎮上的酒吧喝酒，去賭個兩把，找幾個女子調情。這是那個年代再正常不過的消遣了。

如果一個牛仔天天都在城鎮懲奸除惡，天天都在酒吧裡喝酒賭博，那才叫不正常。

誰有空打擊犯罪啊？我還要回牧場去顧下一批牛耶！

電影確實沒辦法把牛仔的日常拍出來，誰想看宛如國家地理雜誌頻道的養牛日常。沒有槍戰、沒有決鬥，沒有激情的劇情張力，真實歷史裡的牛仔，日子

西奧多・羅斯福

過得就是這麼地樸實無華且枯燥。沒有瀟灑率性的快意恩仇，只有面對艱苦環境的剛毅卓絕。

曾經有過放牧生涯的美國總統西奧多・羅斯福（Theodore Roosevelt Jr.，一八五八～一九一九）認為我們若想要認識牛仔，必須著眼在牛仔主要的工作環境牧區來考察，因為牛仔在那裡「度過他一生的歲月，做著他畢生的事業，牛仔能以從容、堅忍和剛毅的態度面對死亡，具有勇敢、好客、耐勞和冒險精神，是美利堅民族不屈的先驅者」。

牛仔精神的想像與擴大

做為一個台灣人，我的人生跟美國牛仔最近的距離在衣櫃裡，那裡有一件假掰的牛仔外套，我常覺得穿上它讓我變得很帥氣！其實並沒有。

然而美國文化跟牛仔精神是分不開的。美國歷史學家威廉・薩維奇（William W. Savage）說：「人們很難想像，假如沒有牛仔這個形象，美國的文化，不管是粗俗的還是高雅的，會成什麼樣子。要找其他形象來取代它，簡直太難了！什麼猿人、太空人、槍手，還有超人，都曾名噪一時，可哪一個也不曾把牛仔的形象給壓下去。」

牛仔的黃金時代其實很短，從一八六〇年代開始到一八九〇年代，牛仔這個行業就開始式微了。當時美國的土地有四〇％做為畜牧用，肉類明顯供過於求，價格暴跌後，許多牧場主人因此破產。

牛仔做為一個熱門的職業在美國歷史上僅是短短的曇花一現，但是牛仔精神卻永遠與美國畫上等號了。牛仔們在美國人心目中是開拓邊疆、征服荒野的先驅者，同時也是象徵自由奔放的個人主義者，還是代表著勇敢進取樂觀拚搏的文化偶像。

我不認為那全是後來電影、小說的改編所貢獻的結果。

我們要曉得，當一個人離開家鄉，前往未知的西部蠻荒拓墾，能讓他穿起牛仔外套的動力不是帥氣，而是勇氣；迎接牛仔的絕非坦途，而是征途。西部的牧區多是沒有圍籬的露天牧場，用著最原始的放牧方式經營。面對生活，沒有逃走，卻用了最快速的方式逼自己適應這片荒原，這是牛仔精神。

在地廣人稀的美國西部，牧場放牧、騎馬巡防、打馬蹄鐵、割牛角、營救草原火災、抵禦劫掠來匪，凡事幾乎都要自己來的繁重工作壓力下，牛仔一個人能否承受勝任，取決於個人的奮鬥精神和創造力。在無邊的荒野裡，不管你從哪裡來，原本的家庭背景、社會地位都沒有意義了，只有你能協助你自己，這是牛仔精神。

比起在東部的城市工廠工作，每天反覆地操作機器，進行重複再重複的步驟，人與人的相處則在專業分工下有著冷漠的隔閡。但西部的牛仔們似乎只能選擇生氣勃勃，因為他們必須每天都使出所有活力，才有機會征服那片一望無垠的荒原、剽悍的印第安人、失控暴走的牛群。與其麻木地活著，不如每天都與命運拚搏，這才是牛仔精神。

這時候，耍槍撩妹的牛仔形象相較起來實在太膚淺了。

對生命有更多的期待，於是激發著我們從這裡移動到哪裡，願意不斷開發生活的空間，持續拓墾工作的視野，就算沒有穿著一身的牛仔勁裝，帶著這樣的牛仔精神去到哪裡都很帥氣，不是嗎？

13

戰鬥到底的英倫貴族
邱吉爾

這是一場在牛津大學舉辦的演講，題目是「成功的秘訣」。

現場湧入了爆滿的觀眾與大量的媒體記者，每個聽眾都求知若渴地想知道講者是如何獲取成功的。

這時，萬眾矚目的講者上台了，他在停頓一下後，開口說了這段話：「絕不放棄！絕對不要！絕不，絕不，絕不，無論遇到大小輕重的事態，都不要放棄！除了對榮譽與智慧的信念堅持外，都不可以放棄。絕對不要屈服於敵人看似壓倒一切的力量！」

這段話總共講了十六秒，然後他就走下講台了。呆愣了數秒鐘後，觀眾沒有覺得他騙錢，反而忘情地報以熱烈的掌聲，久久無法停歇。

TED演講要求講者用十八分鐘打動全世界，這位講者只說了十六秒即讓整個世界都動容。

憑什麼？憑他十六秒鐘的演講沒有一句是虛

言，每句「絕不放棄」都是他刻在英國人心裡的名字。

他是誰？他是被英國廣播公司ＢＢＣ票選「最偉大的一百名英國人」的榜首！他是邱吉爾，曾經擔任英國首相，在第二次世界大戰期間凝聚了英國人民的團結，帶領英國從失敗的邊緣走向勝利的邱吉爾（Winston Churchill，一八七四～一九六五）。

邱吉爾

偉人年輕時也曾是個帥氣叛逆的小鮮肉

與把人變美的濾鏡ＡＰＰ相比，歷史課本裡的人物圖片根本是照妖鏡。如果你對邱吉爾的印象是來自於課本，那你的腦海應該會立刻浮現一位來自英國有著雙下巴、啤酒肚的禿頭大胖子。

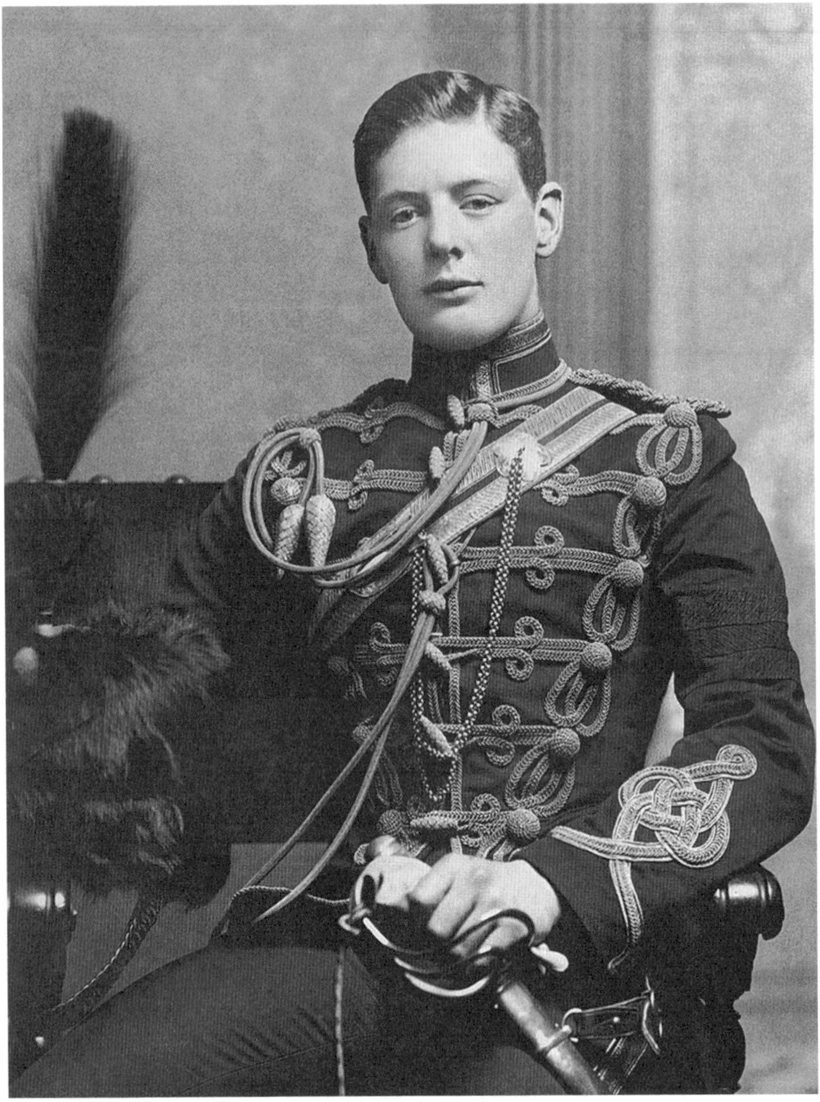

21歲時的邱吉爾（1895年）

不過，人都有青春年少時，每個胖子都是潛力股。邱吉爾年輕時的盛世美顏可千萬不能錯過，那真是帥到有讓人認識六天就想結婚的衝動。

本篇的男主角邱吉爾在一八七四年十一月三十日出生。

他的爸爸是一位英國貴族暨政治家，他的媽媽則是一位來自美國的富家千金。有權與有錢的結合，生下了一位對世界充滿好奇，又極有自我主見的射手座少爺——邱吉爾。

在這位「邱吉爾」誕生前，原本英國人一想到邱吉爾，是想到他的祖先，第一代馬爾博羅公爵——約翰．邱吉爾（John Churchill，一六五〇～一七二二）。這位公爵，可以說是英國的一代戰神，在西班牙王位繼承戰爭，曾經大敗當時非常囂張的法國太陽王路易十四，讓法國海軍幾近全滅。

一百多年後，「邱吉爾」象徵的家族榮光，突破了歷史新高點。二十世紀終於出現了超越這位英倫戰神的後代。現在提起邱吉爾，大家只記得溫斯頓．邱吉爾，而非約翰．邱吉爾了。

邱吉爾小時候就如同一般的英倫貴族，七歲便送入寄宿學校進行學習，但他任性叛逆的性格與寄宿學校嚴格的紀律相牴觸，因此，他挨的體罰沒少過。十二歲那年，他就讀於英國知名的貴族私立學校——哈羅公學。他的功課很糟糕，主科拉丁文他放棄學習；數學，不會就是不會，跟我們現在很多學生完全一個樣。他曾經表示過：「如果我沒有興趣，我就不會學習。」天啊！居然連藉口都一樣呢！

可畢竟他是邱吉爾啊，他的興趣不是只有學習打lol與手遊。他在歷史與英語寫作方面表現得出類拔萃，對於他所喜歡的領域，總能展現極大的熱情與天賦。拉丁文完全背不起來，甚至交過白卷的他，曾經背誦一本羅馬史詩，連續朗誦了一千二百行毫無差錯。莎士比亞劇作的對白他同樣能倒背如流，當老師講課引述《哈姆雷特》有了差錯，這位平時的學渣立刻毫不客氣地舉手指正老師的錯誤。

這樣的孩子當然是很讓爸媽煩心！唉，讀書這麼挑食怎麼辦啊？個性這麼叛逆怎麼辦啊？

同樣的劇情，我身為一個老師看太多了。果然，邱吉爾爸爸為孩子選擇的方向跟現代父母也是大同小異：既然在一般的學校念書念成這樣，不如送去軍校好好管教管教！

於是邱吉爾就去念軍校了。不過因為成績太差，入學考到了第三次才被錄取。所以，各位爸媽們，看看邱吉爾這樣，再看看自己的孩子，你們真的要看開啊！每個讓你操碎了心的孩子，生命都還是會找到自己的出口。

畢竟喜歡歷史的孩子是不會變壞的！邱吉爾念了軍校後，好像終於找到自己念書的方式，畢業時，他的成績在一百三十位畢業生中排名第二十名，這個成績不錯吧！

既能寫作又有歷史思維的他，在軍校畢業後成為一名戰地記者。曾走訪古巴、印度、南非等地，隨軍駐紮蒐集情報的生活，磨練了他堅韌的意志，也拓展了他的視野。持續地寫作與發表，讓他很早就懂得透過語言的力量，讓世界聽到他的聲音。

成功是從一個失敗到另一個失敗時，不失去一點熱情

一八九九年，英國為了與荷蘭後裔布爾人爭奪在南非的殖民地，發動了「英布戰爭」，邱吉爾當時做為英國《晨郵報》的戰地記者遠赴南非採訪報導。

不過，在到達南非後沒多久，就因隨軍乘坐的裝甲列車被布爾人伏擊，邱吉爾被俘虜關押在監獄裡。神奇的是，這位頭腦靈活的記者不到一個月的策劃，就大膽地獨自一人從監獄中成功逃脫，順利躲進英國在南非的領事館。這讓布爾人面子實在掛不住，下達緊急通緝令，用二十五英鎊懸賞全城一起動員捉拿逃犯邱吉爾。

這段緊張刺激的逃獄經歷，被邱吉爾寫了下來出版成書，在英國一上市就

立刻衝上暢銷排行榜，引發熱烈討論。這也讓邱吉爾聲量衝高，擁有競選的人氣資本。一九〇〇年三月，邱吉爾回到英國參與選舉，那年他才二十六歲，就順利當選成為英國國會的下議院議員。

二十六歲時的我，沒有進過監獄，更不可能逃獄；沒有二十五英鎊的懸賞金，只收過警察開的紅燈右轉罰單，還幼稚地在課堂試著跟學生討拍，結果反過來被孩子們勸說：「做為一個老師妳要守法呀！」

嗚嗚……跟邱吉爾相比，我真的活得好不爭氣。

在邱吉爾踏上政壇後，接連歷練過不同的職缺：內政大臣、海軍大臣、軍需大臣、殖民地大臣、財政大臣……等官職，更曾三番兩次轉換政黨，從保守黨到自由黨，再到獨立參選，後來又回到保守黨，說他是政治牆頭草一點也不過分。

他曾做過明智的決定，在第一次世界大戰期間看準坦克的潛力，全力支持英國擴充坦克生產的規模；並力挺空軍的擴編，加強飛機在戰爭上的應用。當然他也曾執行過失敗的政策：數學不好的他擔任財政大臣期間，由於錯誤的政策推動，造成巨大的經濟損失，並引發全國性罷工風潮。

他絕非是一個完美的政治家，有著過分自信的傲慢，也帶著固執不化的倔強。英國人曾說：「如果不是因為邱吉爾帶領我們獲得了第二次世界大戰的勝利，我們真的沒有必要花這麼多時間紀念他。」

二十六歲開始的政治生涯，到六十六歲初任英國首相，邱吉爾用四十年的時間，終於等到讓他在歷史上名垂不朽的關鍵時刻——第二次世界大戰。

我絕不與這個世界妥協

經歷過慘痛的一戰之後，英國人對於戰爭累了，也倦了。面對一九三三年納粹德國希特勒的崛起，「他國事務，沒有評論！」是絕大多數英國人的想法。

成為國會議員時的邱吉爾（1901年）

但邱吉爾將一切的一切預告在前面。他看出那位德國的魔性男子怪怪的，嚴正提醒英國人一定要保持戒備，所謂：防人之心不可無，希特勒這人有毒！

不過，這時候的英國人只想要放個戰後長假，Love & Peace，邱吉爾你不要危言聳聽好嗎？

一九三八年三月德國併吞奧地利。沒關係啦！人家奧地利自己也很開心啊，他們還辦了德奧合併公投，投票率高達九九・七%，支持合併的比率占九九・六%呢！

一九三八年九月，德國進一步企圖占領捷克的蘇台德區。沒關係啦，我們找幾個小夥伴們坐下來談談就沒事了啦！後來德義英法四國的領導人一起聊了個天，要求捷克把蘇台德區「讓給」德國，簽署了《慕尼黑協定》。

連開會聊天都沒分參加的捷克被徹底賣掉後啞口無言，只能含恨地把這份協定給吞下去。

希特勒在這次會議上表示：「這樣我就很滿足了，畢竟我只是想要照顧在捷克生活的德國人啊，絕對沒有想要更多了！謝謝大家的幫忙照顧喲！」

當時的英國首相張伯倫對於希特勒的話語沒有一絲懷疑，當他回到倫敦在機場接受媒體採訪時，還開心地聲稱：「這就是我們這個時代的和平啊！」啾咪>.^

政客的嘴，騙人的鬼！相信政治渣男的誓言，還不如去相信這個世界上有鬼。

張伯倫在機場對群眾揮舞著與希特勒簽署的和平協定（1938年9月30日）

於是，一九三九年三月，德國順勢併吞了捷克全境！九月的時候，大舉入侵波蘭，希特勒的野心沒有極限，第二次世界大戰正式爆發。

邱吉爾對於張伯倫的天真感到可笑，說道：「在戰爭與屈辱面前，你選擇了屈辱！可是，屈辱過後，你仍得面對戰爭！」

對於邱吉爾來說，二戰會發生是由於「不明智、麻痺大意及好心腸才讓壞人重新武裝」。

一九四〇年張伯倫下台，邱吉爾上台。

在邱吉爾的時代：面對壞蛋，我們絕不屈服！

我們將戰鬥到底

邱吉爾甫上任面臨的就是一個幾乎死棋的盤面。魔性男子希特勒已用閃電戰震撼整個歐洲，宣示納粹德國的強大！他們在二十七天內征服波蘭，一天內打敗丹麥，二十三天內攻克挪威，五天內讓荷蘭投降，十八天內比利時也宣告陣亡。這時做為歐陸最強國家的法國也決定不玩了！

到底這個年代沒有聖女貞德，拿破崙也是上個世紀的英雄了，法國已經沒用了。法國對於戰事意興闌珊，通知他的英國隊友邱吉爾：「我們法國要投降啦，你就自己看著辦！」

我再講一遍：在邱吉爾的時代，面對壞蛋，我們絕不屈服！

邱吉爾於是下令撤出在法國的英軍，以便保留未來的作戰實力。在有名的敦克爾克大撤退中，英國動員大小船隻，成功逃過德軍的追擊，撤出了三十三萬八千兩百二十六名士兵抵達英國，為盟軍日後的反攻保存了大量的戰鬥人員及物資。

這次的撤退成功後，邱吉爾在國會發表了他最經典的一場演說：

敦克爾克大撤退

「我們將戰鬥到底。我們將在法國作戰，我們將在海洋中作戰，我們將以越來越大的信心和越來越強的力量在空中作戰，我們將不惜一切代價保衛本土；我們將在海灘作戰，我們將在敵人的登陸點作戰，我們將在田野和街頭作戰，我們將在山區作戰，我們絕不投降；即使我們這個島嶼或這個島嶼的大部分被征服並陷於飢餓之中——我從來不相信會發生這種情況——我們在海外的帝國臣民，在英國艦隊的武裝和保護下也會繼續戰鬥！」

英國在邱吉爾的率領下，是不會屈服的！希特勒曾經伸出友誼的小手，與邱吉爾說：「這個世界我們一人一半，感情永遠不會散。好不好？」面對希特勒用瓜分世界做為和談的誘餌，邱吉爾想都沒想就立刻打翻希特勒的友誼小船。

被拒絕後的希特勒玻璃心碎了滿地，展開暴風式地報復性轟炸，持續炸了英國近九個月，英國王宮、國會、西敏寺都沒有逃過這一劫。大量的人員傷亡，大量的建築物被摧毀，即使被炸到昏天暗地，難得灰頭土臉的英國人依然記得：Keep Calm and Carry On，保持冷靜，繼續前進，因為——我們將戰鬥到底！

小羅斯福與邱吉爾

希特勒在二戰踢到的第一塊鐵板，也是他一生永遠無法突破的一塊鐵板，就是英國，就是邱吉爾。

「如果您正在經歷地獄，那麼請繼續向前行，不要停。」

在最絕望的時候，邱吉爾始終記得他一定要戰鬥到底。就這樣，英國一路浴血奮戰，堅持到蘇聯來了，美國也來了，當大家都回來了，師兄們都歸隊了！這時候，希特勒只能在地下室舉槍自盡，絕望地跟大家說再見。

戰爭勝利後，邱吉爾向民眾比出他標誌性的「V」字手勢。

絕不放棄！絕不！絕不！絕不！

現在你能懂得那十六秒鐘的演講內容代表了什麼嗎？那的確就是邱吉爾率領英國打贏二戰成功的秘訣。

二戰結束後，邱吉爾想：我都領導英國贏得戰爭的勝利，應該能夠順利地當選連任吧？

（我以為我會贏，但是我沒有，我只是怔怔望著開票的結果，給英國人民最後的祝福。）

戰後的選舉邱吉爾大敗，他雖卸下了首相的職務，仍保有英倫紳士的優雅，自嘲著說：「對偉大人物的忘恩負義，是偉大民族的特質。」

沒關係啦，我們絕大部分的人，也不認識幾個英國首相。邱吉爾以前的首相我們不怎麼知道；以後的我們也不怎麼認識。

「成功並非終點，失敗也不致命，只有繼續前進的勇氣，才是永恆。」他在二戰期間鋼鐵般的意志與行動，已讓邱吉爾成為世界歷史上永遠的邱吉爾。

14

魯蛇畫家的瘋狂逆襲
希特勒

「到底什麼是好人，什麼是壞人，你有標準答案嗎？」我們與惡的距離，常常是霧裡看花、似近忽遠的迷離。

但是當我們將「他」與邪惡畫上等號，卻沒有人敢質疑。

他是希特勒（Adolf Hitler，一八八九～一九四五），是歷史上知名度最高同時最受譴責的人物。做為納粹德國的領導人，他策劃了第二次世界大戰和大屠殺，這些事件至少導致四千萬人死亡。

全天下沒有一個爸爸媽媽會特意栽培生養一個滿手鮮血的殺人犯。希特勒並非天生暴君，卻逐步走向毀滅自己、毀滅德國、毀滅世界的道路。他的「邪惡」是個人特質使然又或是被群眾滋養而生呢？

希特勒的父親與母親

魔化的開始：壞掉的藝術家

希特勒於一八八九年四月二十日出生於奧地利。是的，他其實是個奧地利人，只是後來德國背了個永遠也甩不掉的大鍋。

他的爸爸是服務於海關的基層公務員，媽媽是位一般的農村家庭婦女。

關於情緒勒索這門功夫，希特勒爸爸很懂。他對兒子的管教十分霸道專制，總是想讓希特勒完全按照他的期待去生活。

「你越要我做，我偏不要！」自小反骨的希特勒與爸爸的對抗，是他最早的權力鬥爭經驗。他拒絕成為像爸爸一樣的公務員，反而堅持走向他爸爸最反

希特勒的畫作

對的職業：藝術家。

希特勒兩次報考維也納美術學院：第一次，他曾經成功通過初試，但複試時被招生委員會評價他的繪畫技巧「差強人意」，拒絕錄取。第二次連初試都沒有過，直接被刷下來。

我相信這所學校的入學審查，極大地影響了世界歷史的走向。我常跟學生說，如果當年維也納美術學院願意收留一個沒天分的學生，頂多讓世界上多了一個憤世嫉俗的美術老師。但由於維也納美術學院對於維護學生藝術水平的堅持，以至於我們歷史接下來必須多教好幾頁非常折磨人的第二次世界大戰課文。

青少年時期的希特勒

因為落榜後的希特勒開始魔化了。他無法接受自己的失敗，也不願面對自己的親友；他不敢回到老家，只能繼續待在維也納，從一間廉價破敗的租屋處又搬到另一間。手頭的錢花光後，他曾睡過街頭，有一陣子他甚至成為無家可歸的街友。

為了生活下去，希特勒會參考明信片風景圖畫些小型油畫、水彩畫來賺錢，小有積蓄後，他與朋友在維也納合租了一間小公寓，過著一段白天畫畫、晚上讀書的日子。

許多學者好奇他當時到底讀了哪些書，導致他後來狂妄扭曲的世界觀。但我認為可怕的應該不是他讀的書，而是他的讀書方法。

他曾說：「所謂讀書的藝術，乃是記住重要的，忘掉不重要的。」什麼是對希特勒重要的？什麼是不重要的？如果希特勒只放大那些他認為重要的想法，完全揚棄那些他看來無關緊要的論點。他讀起書來，只會不斷地強化他的偏見與刻板印象，越讀越死心眼，不瘋魔就不成活。

也因此，希特勒在那段底層的貧窮生活期間中反覆放大自己的不幸，不斷思索誰該為他窘迫的命運負責？同時也持續接觸他所中意的政治思潮與主張，包括極右派與反猶太人思想。

其中，他最欣賞的政治人物就是當時的維也納市長——卡爾・呂格（Karl Lueger）。卡爾・呂格在任內從事多項公共建設，將維也納打造成現代化的城市，同時也實行反猶太主義，他聲稱：「在最後一個猶太人死掉前，反猶太主義絕不會停止！」大力鼓吹市民對猶太人進行迫害。

往後的希特勒，離藝術家的人生越來越遙遠，在一戰爆發後，投身軍旅隨後並走上政治之路。

一戰時期的希特勒（前排左一）

魔性的魅力：不世出的演講天才

少一點藝術天分的希特勒，曾跌跌撞撞滿身傷痕，直到耗盡力氣上了生活的一課，他才發現：「比起繪畫，也許我更適合說話。」

希特勒在一戰結束後加入了一個很邊緣的政黨「德意志工人黨」（DAP），它的邊緣程度大概是在今天成立臉書粉絲專頁的話，按讚人數不會超過五十個，還個個都是憤青或社會邊緣人。

但在這裡，他終於找到了他的舞台。他發現自己在群眾面前說起話來，聲音特別富有感染力。他擁有一種直覺能夠感知觀眾的情緒，並與觀眾發生共鳴的連結。他狡猾地運用每一句話語的能量累積，持續激起聽眾越來越高的興奮感，直到現場集體進入狂喜的高潮狀態。

希特勒的演講好比是一場充滿法喜的布道大會，也可以說像一場火熱激情的搖滾演唱會。他，就是有那個能耐，能用言語讓群眾心神迷醉。

當他明白自己的天賦後，他像是一個專業的舞台總監，精心安排他的每一次演講。他會將重要的演講特意舉辦在夜晚。這點小心機是由於人類的腎上腺皮質醇分泌到了晚上濃度會逐漸下降，身體準備進入休息的狀態，此時我們的判斷力會下滑，對於訊息的輸入最容易不明就裡地接受。（所以若要守護錢包，記得晚上少逛點網拍！）

安排觀眾進場動線的廊道會布置成一片昏暗，所有的燈光集中打在舞台，台上插滿大量的旗幟與站好一排穿著制服的追隨者。從黑暗通向光亮，從個體匯聚成群體，一進到會場，觀眾的情緒就開始上揚。

出場前，樂隊會演奏他專屬的進場主題曲——巴登威勒進行曲。

這首氣勢昂揚的軍樂一奏下去，現場的觀眾立刻興奮到模糊。然而超級巨星希特勒可不會立刻隨著音樂入場，他會故意遲到一會兒，製造等待的效果，撩得台下觀眾心癢癢。

當他正式走上講台，他會先保持沉默，在二十至三十秒內完全不說話，然後才慎重地開口，緩緩地說出這次演講的前言。他開場時的小心翼翼，你甚至會懷疑他在害怕，然而待到演說持續三到五分鐘後，當他感知現場觀眾已經逐漸投入他的語言流動後，他會開始調高聲音，加強節奏與語調，並運用起豐富的肢體語言，包括搖頭擺手、眨眼挑眉，大量地使用不同的表情和手勢來傳達他的情緒。此刻的希特勒turbo開起來，盡情大鳴大放，放肆地說出一些聳動的言詞與反覆排比的語句。這時的觀眾已跟台上的希特勒產生一種魔幻的連結，完全隨著他的段落停頓搖擺，回報以一次次越來越狂熱的大聲鼓掌及喝采。

即便他的聲音不是很有磁性，甚至帶點刺耳的金屬感，語法上也夾雜多種錯誤，但當觀眾嗨起來後，這些缺陷反而突顯了他的話語霸權。特別是那些帶著仇恨與威脅的語句，更能發揮出憤怒與激情的力量。

待演講結束後，他絕不會在講台上徘徊，而是立即轉身離開。

DAP這個小黨，在一九二〇年改名為「國家社會主義德國工人黨」，就是我們今日所熟悉的納粹黨（Nazi），在希特勒每一回讓民眾心神迷幻的演說裡逐漸茁壯。

一九二八年的國會選舉，納粹黨拿下二・六%的選票與十二個席次。一九二九年美國華爾街股市崩盤，全球陷入經濟大恐慌，擅長操作恐懼心理的希特勒，利用演講的煽動力，隔年即讓納粹黨贏得十八．三%的得票率，超過六百萬人投票給它，納粹黨一躍成為國會的第二大黨，席次增加到一百零七席。

從街頭的魯蛇畫家搖身一變成流量政治網紅的希特勒，一九三三年正式成為德國總理。他所率領的納粹黨，在同年三月的國會選舉中取得四三．九%的得票率，有一千七百多萬的選民用選票表達了他們對納粹的支持。

這是德國人的選擇，也是日後德國人永遠難以與希特勒切割的糾結，是他們把希特勒從演講的講台帶到了歷史的舞台。

要嘛是雅利安人的勝利，要嘛是雅利安人的滅亡和猶太人的勝利

瘋狂的希特勒認為人生就是不停地戰鬥。他在自傳《我的奮鬥》寫道：

「人類將在永恆的戰爭中發展壯大，在永恆的和平中衰敗消亡。」

他認為歷史就是種族鬥爭的過程，最優秀強大的種族雅利安人（Aryan）將統治全世界，並且有義務將低劣的族群消滅殆盡，以維護這個地球的純淨。

而日耳曼人（德國人）就是純種高貴的雅利安人代表。猶太人、斯拉夫人、吉普賽人、有色人種等，這些統統都不純，都是劣質種族，能處理多少就多少。

我先插個話提醒讀者：千萬不要理會希特勒在種族上的分類。他就是一個讀書永遠會讀歪樓，然後硬拗成自己破綻百出、毫無邏輯的理論。

簡單來說，第二次世界大戰與大屠殺，可以視為是希特勒在實踐他所構建的種族理論。

因為雅利安人好棒棒，所以應該擁有最大的「生存空間」，戰爭的擴張就是為了幫助優等種族爭取「生存空間」。

至於「劣等種族」，你就爛！就別再浪費地球資源了，統統消滅光才是王道！應該被我們侵略也應該被我們集中屠殺，這一切再合理不過。因為就連不夠健康的雅利安人也必須自我淘汰：「只有健康者才能生育孩子……在這一點上，國家必須做為一個美滿未來的守護者而承擔責任……只要是有病者，有遺傳問題者，都不適合繁衍下去。」

著黨裝的希特勒（1933年）

有沒有這樣的歪理啊？有的，二戰時期的納粹德國就把這樣荒謬的想法在人間執行個徹底。

在歷史上惡名昭彰的猶太人大屠殺，就是納粹黨一系列有步驟的種族滅絕政策。一九三三年，德國的猶太人約有五十二萬人，僅僅占德國總人口的一％。希特勒執政後，開始對德國進行徹底的去猶太化。

根據一九三五年公布的《紐倫堡法案》：「一個人的祖父母，四人中全部或有三個是猶太人，那他在法律上即被認定為猶太人。」

接下來他開始制定一連串不把猶太人當人看的規章限制：

所有德籍猶太人都應被褫奪公權
猶太人不可以擁有或攜帶武器
猶太人不可以去看戲劇、電影、聽音樂會或看展覽
禁止「德國人」與猶太人結婚或有婚外性行為
猶太人不可經營商店或手工藝事業
猶太人在夏天晚上九點後跟冬天晚上八點後不可以離開他們居住的地方
猶太人不可訂閱報章雜誌
猶太人不可養寵物……

你以為這就是糟糕的極限了，納粹卻一天比一天更秀下限。你以為日子不會更難了，卻沒想到地獄總是一層還有下一層。

曾經有學生帶著一臉納悶的表情問我：「老師，為什麼猶太人不離開啊？」孩子，以他們的立場想想：這是我們家族在這裡生活了數十年，甚至數百年的家園土地，真的能說走就走嗎？又或者，我們對人性都尚存著一絲相信，人類怎麼可能對人類做出那麼殘忍無道的事啊？

但歷史教我們的是：永遠不要太樂觀。現實往往比小說更殘酷，比戲劇更瘋狂！

一九三九年二戰正式開打，納粹黨挑選了約七萬名因精神疾病或身體殘疾而入院的德國人，認定他們沒有生存的價值，用毒氣處以安樂死。

一九四〇年開始，德軍在戰場上的勝利擴大了希特勒的帝國，也讓丹麥、挪威、荷蘭、比利時、盧森堡和法國的猶太人等隨之受難，每天都有成千上萬被納粹認為應該消滅的人被運送到集中營。

戰爭越到後期，屠殺越是激烈。納粹的工程師在一九四三年還忙著設計改造將原本容納二百人的毒氣室，擴張成一次可以處理二千人的毒氣室。

德軍在戰場上的挫敗，反而加強希特勒消滅劣等種族的決心，似乎是他認為既然無法取得戰場上的勝利，難以實現生存空間的擴大，那至少要在最後一刻完成另一項目標，那就是盡可能地消滅掉低端人口，越多越好，越多越好……

魔鬼的歷史，絕不容許再現

二〇一六年，台灣曾有高中生在校慶時進行納粹的扮裝遊行，本可能是孩子們的創意發想，卻因為錯誤主題的呈現，引發了學界對於歷史教育空洞無知的檢討。更驚動以色列辦事處、德國在台協會同聲地譴責與批判，以及中華民國總統府請行政部門追究校方責任，並向相關國家表示歉意的大動作。

是大家太大驚小怪了嗎？絕對不是。

希特勒與納粹黨，是人類最極致邪惡的象徵。他們用極度理性的官僚系統與工業體系，在最細膩的分工下讓大屠殺得以用最高的效率進行。原來我們人類可以那麼理智地做出如此殘忍的殺戮，這絕對是人類歷史上最難堪的時刻，是德國人永難擺脫的夢魘，永遠難受的民族恥辱。

納粹黨於紐倫堡的集會（1935年）

「我永遠不會忘記那個夜晚，那是在集中營度過的第一個夜晚，它把我的一生變成漫漫長夜，被七層夜幕裹著的長夜。我永遠不會忘記那些煙雲；我永遠不會忘記那些孩子們的小臉，他們的軀體在沉寂的蒼穹下化作一縷青煙；我永遠不會忘記那些火焰，它們把我的信仰焚燒殆盡。」

若你讀過埃利．維瑟爾（Elie Wiesel）的集中營回憶錄，每一頁的滿滿絕望都會讓你嘆息做為人類的失敗和無能為力。

所以，不可能崇拜也沒理由戲謔。畢竟，我們與惡之間，曾經沒有距離。

15

搞藝術，是吃土，還是沃土？梵谷VS.畢卡索

搞藝術，是吃土，還是沃土？

在藝術史上有兩大家喻戶曉、眾所皆知的藝術家，可以為這個問題分別提供最極端的答案！畫到吃土，人生摔得狗吃屎的那位叫梵谷（Vincent van Gogh，一八五三～一八九〇）。把藝術經營成沃土，每一口呼吸都在吸金的那位是畢卡索（Pablo Ruiz Picasso，一八八一～一九七三）。

很多畫家你這一生不去念個美術系，絕對不會認識他。而梵谷、畢卡索這兩位大師的聲量，是當你離開了美術系館，走在路邊隨便抓個人問也一定聽過的全球級繪畫網紅。

截至我寫作本文的二〇二一年為止，世界上前二十大交易價格最高的畫作，分別是十二個畫家的創作。其中梵谷跟畢卡索就各自占了四幅，沒人比他們倆更能霸占榜單了！

兩位藝術大師，用色都很大膽，畫風都很奇

葩！在藝術史上皆創造了新的里程碑，只是梵谷把生命活成了一場悲劇，畢卡索則把生活業配成一場饗宴。

繁星點點的夜裡，調色盤上只有藍與灰

不知道你們有沒有聽過〈梵谷之歌〉？開頭那句「Starry, starry night」歌詞一打出來，旋律就開始在我的腦海裡迴盪了。這句歌詞指的就是梵谷知名的作品——《星夜》，從這幅畫可以充分感受到梵谷的作品特色，那就是「濃烈」、「誇張」。

梵谷

畫作左方矗立的絲柏樹像一團墨綠色的火焰，由地表向上竄起，月亮與星星則在夜空中形成一個個放大的漩渦，似乎不停地流轉著，讓人感受到夜晚的律動。細長的教堂尖塔，扭曲變形的山脈，憂鬱陰沉的藍色調，看著看著就好像也看出梵谷當時作畫時躁動不安的情緒，以及他構圖

梵谷《星夜》

時大腦中那迷離奇幻的視覺世界。

梵谷的瘋狂也許難以理解，但可以知道的是，他不是一個天才，他是一個非常腳踏實地的地才。文藝復興那個十項全能的天才達文西，活了六十七歲，一生真正投入且完成的藝術作品不到二十幅。而梵谷二十七歲才開始投入作畫，到他三十七歲舉槍自盡前，完成了二千多件包括油畫、素描與版畫的作品。

梵谷早期在巴黎工作室學習的短暫期間，畫的草圖粗糙笨拙，而且他個性古怪脾氣又暴躁，很難跟同學好好相處，不到三個月他就離開工作室了。雖然起步晚，又被認為毫無才華，他還是扎扎實實地一步一腳印把藝術的基本功夫給學好。

「相信我吧，在藝術的問題上，下面這句話是非常實在的：老老實實是最好的辦法，寧可不嫌麻煩地嚴肅鑽研，也不要投機取巧，譁眾取寵。有時候我心中會苦惱，也想走某種捷徑，但我仔細想過之後……啊！不行，我不能欺騙我自己！」

這麼老實作畫的梵谷，身心的狀態卻長期處在不穩定的情況，他有著不定時發作的眩暈、耳鳴，以及原因不明的精神疾病。他沒辦法好好跟人交往，即使是家人都難以忍受他。難得遇上可以互相切磋的藝術家好友高更，梵谷在兩人同住期間也是跟他每天吵吵鬧鬧。人生雖然談過幾場戀愛，但個性太差，每一回都能輕易把戀情搞砸。我想很多人都知道，關於梵谷的瘋狂，最有名的事件，就是他曾經拿刀子把自己的耳朵給割了。

所以近代有些醫療專家，透過研究梵谷信件的藝術史學家以及相關資料的協助，想試著為梵谷跨時空診斷做病情分析。不管得到的綜合結果是躁鬱症、癲癇還是梅尼爾氏症候群，我認為梵谷最大的崩潰在於他拚了命地努力，卻永遠也得不到一個人按讚。

每個人的內心，都渴望著擁有一個展示自己的舞台！他一直說服自己：「我越來越相信，為工作而工作，是所有一切偉大藝術家的原則，即使瀕於挨餓，棄絕一切物質享受，也不能灰心喪氣！」「你知道我經常想的是什麼嗎？即使不成功，我仍然要繼續工作，好作品不一定一下子就會被人認可，然而這和我有什麼關係呢？」

嘴巴上說著沒關係，其實他心裡很受傷，用盡生命去努力的事，怎麼可能沒關係！

生前沒人看得起，死後沒人買得起

詩人余光中在民國四十六年翻譯出版的《梵谷傳》序言中，曾經用「生前沒人看得起，死後沒人買得起」這兩句話，簡單又精準地描述了梵谷的一生與畫作。

大家都認為想成為藝術家，日子絕對不好過。在成名之前，勒緊褲帶、咬緊牙關的自覺一定要有！只是到底會有多苦、會苦多久，誰曉得呢？

瘋狂的梵谷在他短暫的生命裡，正式投入繪畫的創作生涯是在最後的十年。年輕的時候，梵谷當過小學老師，也當過傳教士，在他二十七歲那年，他才正式決定要當個畫家！由於太晚入行，他只能比誰都更努力練習，所以他辭去所有工作，每天就是拚了命地畫畫。這真的很辛苦，而且還苦到他弟弟。

大家要知道，就算是再厲害的畫家，也不可能三餐吞顏料、餓的時候啃畫板過日子。人還是要靠五穀雜糧過活的，梵谷可以拚了命地畫畫，就表示有個人願意拚了命地支持他畫畫。這個人就是他的弟弟——西奧（Theodorus van Gogh）。

西奧

梵谷這一生寫給弟弟西奧六百五十一封信，有三百九十二封是在跟弟弟要錢。面對只會畫畫跟要錢的「啃弟族」梵谷，西奧從不曾拒絕。他對哥哥的愛，讓他從未停止過給予梵谷實質上的贊助。

而這份愛，絕對是真愛。因為西奧的職業不是別的，他就是個畫廊經理人，而且還是這個行業中的佼佼者，他

梵谷的《鳶尾花》（左上）、《向日葵》（右上）、《嘉舍醫生肖像》（左下）跟《紅色葡萄園》（右下）

有著對藝術品專業的鑑賞能力，也有著相關的人脈與市場資源。所以他看得出來哥哥的畫的價值，就是賣不出去！他贊助哥哥不是為了想從哥哥的畫作上大撈一筆，因為真的撈不到。

西奧就只是不斷地收下了梵谷寄來的作品，雖然賣不出去又很占空間，他還是持續地收下，並且不間斷地回信給哥哥，鼓勵他在創作上精進技巧，改變用色，多參考其他畫家的作品，並附上最重要的生活費，讓他的哥哥可以撐下去。

你拚了命努力投入的事，這個世界卻沒有半點回應。你都發了瘋似地想讓世人看見，大家依然對你不屑一顧。想要的永遠得不到，梵谷只能越畫越濃烈，在梵谷的畫作上可以看到強烈的色彩對比與一層層堆疊的顏料。那麼鮮豔的色調與厚重的筆觸，不就是想讓大家看見的暗號嗎？

這樣強烈的心情，最愛梵谷的弟弟西奧懂。梵谷生前唯一賣出的畫作《紅色葡萄園》，就是弟弟西奧委託比利時畫家安娜以四百法郎買下的。四百法郎雖然不多，大約就是在當時可以買到四百條法國麵包，等同於今天一千美金左右。

西奧希望透過這樣的方式能鼓勵到哥哥：你不要難過，你還是要繼續努力，會有人看見的，會有人懂你的。

會的，只是在很久很久以後。

一百年後的春天，一九八七年《向日葵》畫作在倫敦佳士得公司主持的拍賣會上，以三千九百萬美元的價格賣出，開創了梵谷作品價格的紀錄。同年底梵谷的《鳶尾花》再度以五千三百九十萬美元的天價賣出，震驚世界。再過三年，一九九〇年《嘉舍醫生肖像》，這幅畫以八千二百五十萬美金創下有史以來藝術品拍賣的最高價格。雖然後來陸續有畫作打破這項世界紀錄，但梵谷的作品早已成為這些年來藝術機構和富豪們競相追逐的傳奇寶物了。

一個一生不得志的人，一個長期處在經濟窘迫、導致身體營養不良的畫家，卻能燃盡生命所有能量畫出了洋溢著蓬勃向上、金黃燦爛的向日葵。你說這拍賣的價格很驚人嗎？不！我說你不懂一個人的渴望與執著永遠是無法計量的天價。

「我的作品就是我的肉體與靈魂，為了它，我甘冒失去生命和理智的危險。」

所以，梵谷注定不朽。

他的畫作是他用盡生命與靈魂譜寫的頌歌，也許他一生走來是場悲劇，但他筆下的向日葵、星空、麥田與烏鴉，那些用顏料浸染的生命能量，仍持續震撼著觀眾的目光與生命。

給我一座博物館，我會填滿它！

一八八一年的冬天，當荷蘭的梵谷正全心全意地投入繪畫行列時，西班牙的國寶畢卡索出生了。

跟起步很晚的梵谷截然不同，畢卡索的媽媽認為他家寶貝從嬰孩時期就注定是個藝術家。因為絕大多數孩子發出第一個有意義的單詞是「mama／媽媽」，而小畢卡索說的第一個單詞是「piz」，這個詞是西班牙文鉛筆lápiz的縮寫。

畢卡索不僅有慧根，更有家學淵源。他的爸爸就是一個畫家，還是地方美術館的館長，並在學校擔任素描老師。

在這樣的家學淵源下，畢卡索從七歲就開始接受嚴格的藝術教育。有了爸爸的指導，畢卡索從小就透過石膏模型與實物素描進行大量練習，有著非常扎實的繪畫底子，九歲的時候就獨自完成了一幅完整的油畫作品——《鬥牛士》（Le Picador）。

我想，很多人可能對於畢卡索有誤解，因為大部分人認識的是他生涯後期的立體派畫作，第一眼看過去只覺得畢卡索到底在畫啥咪，但其實畢卡索在線條、色彩、構圖的基本功，都有著傳統學院派的硬功夫。他在十四歲那年就錄取

巴塞隆納知名的隆哈美術學院。他在一個禮拜內就通過了古典藝術繪作與靜物寫生入學考試，而一般學生通常要花上一個月的時間才能完成。

由於畢卡索出道得早，這一生又活得很精采，九十二歲才離開這繁華人間。多產的畢卡索總計留下了一千八百八十五幅畫作、一千二百二十八件雕塑作品、七千零八十九幅素描、三萬幅版畫、一百五十幅素描本和三千二百二十二件陶瓷作品。這驚人的數量，難怪畢卡索曾經囂張地說過：「給我一座博物館，我會填滿它！」

事實上呢，是兩座。

一座是位於西班牙巴塞隆納的畢卡索美術館（Museu Picasso），它是唯一一座藝術家在世時就為其建立的美術館。另外一座是位於法國巴黎瑪黑區的畢卡索美術館（Musée National Picasso），館中藏有畢卡索的三千五百多幅作品。

除了這兩間大型的畢卡索專屬博物館外，全世界大大小小的藝術博物館，幾乎也多多少少會收藏幾件畢卡索的作品。

高水準的創作質量以及永遠用不完的靈感，讓畢卡索在當代成為創造力的代名詞。不過，這男人最可怕的地方在於他不只是一個藝術天才，他還是個業配達人！

畢卡索（1908年）

畢卡索：一個擅長業配自己的藝術家

「畢卡索」這個名字就隱含著業配的王道！

畢卡索的本名包含了二十三個單字，包括一堆基督教聖人與親戚的名單。他的全名叫做：帕布羅・迪亞哥・荷西・弗朗西斯科・德保拉・胡安・內波穆切諾・瑪麗亞・德洛斯・雷梅迪奧斯・西普里亞諾・德拉桑蒂西馬・特立尼達・道者帕特里西奧・克利托・魯伊斯・畢卡索（Pablo Diego José Francisco de Paula Juan Nepomuceno María de los Remedios Cipriano de la Santísima Trinidad Martyr Patricio Clito Ruíz Picasso）……

光看這一大串名字，是不是眼睛要花了！這叫人家怎麼認識你啊，把名字唸完人都癱了。人家畢卡索可是意識到如果想紅，名字一定要簡潔好記，於是早早就決定他需要一個簡短有力的藝名。一九〇一年，畢卡索在巴黎開了第一個畫展後，在畫作背後簽下「Picasso」，取代原本的「Pablo Ruiz y Picasso」，這個簽名風格有些潦草，尺寸也偏大，但成為我們今天辨認畢卡索作品一個別具特色且俐落的品牌LOGO！

而這個簽名今天可不只放在畢卡索的作品上。法國汽車製造商雪鐵龍

（Citroën）花了二千萬美元的價格才獲得了使用畢卡索的名字和簽名的權利。

再來呢，如果你想成為一個業配達人，一定要懂得在適當的社群頻繁地露臉刷存在感。畢卡索那個年代雖然沒有社群媒體，但他非常懂得把自己放在最引人注目的地方曝光！

西班牙畢竟不是當時的文化中心，就算畢卡索再優秀，要在這裡闖出一番盛名，也是難度頗高，所以他十九歲的時候便前往歐洲的文化首都——巴黎。

畢卡索為格特魯德・斯坦畫的肖像畫

做為海明威筆下「一席流動的饗宴」，巴黎聚集著二十世紀最有才氣的一群人們，畫家有馬諦斯、夏卡爾，哲學家有著沙特、西蒙・波娃，文學家有來自美國的海明威、愛爾蘭的喬艾斯。畢卡索在這裡結識了一群風流人物，也遇到了作家兼藝術贊助人格特魯德・斯坦（Gertrude Stein）。懂得把握機會建立人脈的畢卡索，為這位花園街二十七號的女主人畫了一幅肖像畫。

花園街二十七號對一個藝術家來說有什麼意義呢？這個地址可是二十世紀早期巴黎最受歡迎的藝術沙龍之一。女主人格特魯德與她的哥哥李奧（Leo Stein），他們是全世界對二十世紀繪畫最具眼光的鑑賞行家和收藏家，兄妹倆在當時巴黎藝術圈有著非凡的影響力，各路藝術青年都對她的沙龍趨之若鶩。

如果沒有來到巴黎，畢卡索不會遇見格特魯德這位貴人；如果沒有讓這位貴人看得上畢卡索，畢卡索也難以乘勢崛起！我想畢卡索一定懂得格特魯德在巴黎藝術界的影響力，在畫這幅畫時，肯定是用盡所有的藝術天分來贏得對方的青睞，才能讓格特魯德為這位年輕畫家讚賞不已。往後的數十年，她一直運用自己在藝術界的人脈大力轉傳分享，為畢卡索的作品提供聲量與支持！

成名不難，畫對人就好！在格特魯德的支持下，畢卡索開始成為舉世聞名的「畢卡索」。

《邁阿密巴塞爾藝術雜誌》的主編蘇（Sue Hostetler）曾經這樣描述過畢卡索：「他很聰明，他知道在當時最精明與優秀的收藏家都在巴黎。畢卡索非常明白如果這些收藏家能擁有他的作品，將會大大提升作品的價值。」

富有才華是畢卡索的天生優勢，懂得借力使力則是畢卡索把握住的後天優勢。

畢卡索曾經說過：「人們常說，藝術家應只單純地為喜愛藝術而創作，而不追求成功。這是錯的！藝術家需要成功，不只為了生活，也為了能夠繼續創作。」因此，同樣做為畫家，三十歲的梵谷只能不停寫信給弟弟西奧要生活費；三十歲的畢卡索，卻已經可以透過賣畫的收入跟女朋友住在巴黎市區漂亮的公寓裡。

隨著畢卡索的身價水漲船高，早年一幅自畫像，在他晚年賣出去的價錢已經可以買十台勞斯萊斯，這創作的靈感當然更是源源不絕啊！如果是我就一定會每天待在家一直畫啊一直畫，錢就會一直來啊一直來！

錢既然好賺，那就隨興花吧！據說到了晚年畢卡索每年的日常開支是三百萬法郎左右，相當於現在的台幣七千五百萬元。

所以說，搞藝術這檔事，也是「性格決定命運」啊！內向的梵谷，活得那麼用力還是吃土。外向的畢卡索，帶著機巧的業配，人生擁有了一片沃土。

兩種生命姿態，兩樣藝術風格，你偏好哪一款呢？我喜歡努力的人，但我太不捨梵谷遇到的苦難，在這個人人都有機會成為網紅的露出世代，你若想被世界發現，就必須學習像畢卡索那樣，成為一個懂得努力但更懂得運用策略讓自己被看見的人。

16

Herstory女人的逆襲
潘克斯特

你聽過潘克斯特（Emmeline Pankhurst，一八五八～一九二八）這個人嗎？聽過的請舉手！

嘿嘿，我敢保證幾乎沒有人。原因很簡單，因為「她」是個女人。

我們的歷史課本，直到二十一世紀，都是質量精純的「History」。就只談「他」的故事。

七年級的台灣史課文，沒有任何的女性歷史人物出現，彷彿台灣歷史都被鄭成功、朱一貴、莫那魯道這些男人給占盡版面。硬要說的話，大概就是陳菊有出現在美麗島大審的課本圖片裡*。

八年級的中國史，則出現了兩位女性歷史人物，一位是一代女皇武則天，另外一位是晚清的慈禧太后，偏偏這兩位都有些爭議。談到武則天時，她那連甄嬛都必須甘拜下風的宮鬥實力，似

*本文所述以九年一貫課本內容為主，新課綱略有調整，然而台灣史部分，多數教科書版本女性仍未出現於課文本文。

潘克斯特

乎比起她在政治上的才幹更被歷史老師們青睞。不過，現在就算我想跟學生大聊武則天完爆後宮群芳的戰鬥力，也沒辦法了。一〇八課綱後，她從歷史課本裡引退畢業。至於慈禧太后呢？她還在，但依然容易被誤解為是一位保守又自負的老太婆。

九年級的世界史，一整年下來，學生會讀到三位女性人物：上學期是比起女人，更以聖人聞名的聖女貞德，以及俄羅斯女皇凱薩琳二世；下學期則有代表二十世紀科學史的居禮夫人。然而第一位女性諾貝爾獎得主，結果只是居禮的「夫人」！這件事當然有點尷尬，所以在一些學者的抗議與討論下，為符合新課綱落實性平教育的精神，之後的課本會採用「瑪里．居禮」來呈現。

今天我走出門，在大街上繞一圈，一個下午肯定能與超過三位女性擦身而過。然而我的學生學習歷史整整三年，卻只能在課本遇到幾位太后女皇或是聖人夫人，日常女性的蹤影幾乎完全消失在課本裡，這個世界真是太荒謬了！*

潘克斯特也是這樣想的。同樣都是人，占地球比例一半的人，做為一個女人，到底我們怎麼了？於是，這個來自英國曼徹斯特的女人潘克斯特，決定要用一生的力量幫助所有女性，在歷史上寫下「Herstory」——「她」的故事。

我寧願成為一個叛亂者，也不要當奴隸

「許多參戰國家大規模動員軍人與平民從事作戰，大批婦女也投入軍需生產與職場工作，她們的權益因此受到政府重視。戰後，美、英等國婦女獲得選舉權，地位大為提升。」

——摘錄自國中歷史課本第六冊（民國一一〇年版本）

關於婦女權益的提升，在歷史課本的輕描淡寫下，好像在第一次世界大戰打完沒多久，婦女就被政府重視了，於是就有投票權了，喔耶！

於是我們花了兩頁的課文轟轟烈烈地打了一戰，然後用幾行文字交代女權興起的過程。彷彿世界大戰才是重要大事，兩性平權只是生活小事。如果那是小事，也是最重要的小事。是一群勇者走過動盪日子，追過夢的放肆，穿過太多生死，整個二十世紀發展過程裡最重要的小事。

十九世紀維多利亞時代的英國理想女性是長這個樣子的：「願意依賴並順從男性，樂於居家、天真、純潔、溫和並有自我犧牲的精神，沒有競爭的野

＊目前新課綱的世界史課文，上學期聖女貞德與凱薩琳二世也不再出現，下學期內容則尚未出版。

心。」如同電影《女權之聲》的主角茉德所說：「我這一生都很順從，男人要我做什麼，我就做什麼。」她在戲中柔順乖巧，是丈夫眼裡的賢妻良母，從事洗衣廠女工的勞務，長期隱忍著老闆對她及其他女同事的性騷擾。

做為一個母親，做為一個妻子，做為這個社會男人的附屬品，這是茉德的命運，也是十九世紀後期絕大多數英國女性的命運。

不過，潘克斯特拒絕這樣的命運！她在十九世紀後期身先士卒，她相信女人的生命不比男人的高貴，當然也不比男人的低賤。她用勇氣召喚勇氣，率領當時的女性大膽地爭取婦女的參政權，向社會、國家傳達時代女性的聲音，她憑著行動力與戰鬥力，在一九九九年，被《時代》雜誌評選為一百位二十世紀最具影響力的人物之一；二〇〇二年時，她也入選了英國廣播公司ＢＢＣ票選出最偉大的百位英國人物的第二十七名。

英國的婦女參政運動大約自一八三〇年代開始，當時的活動大多是辦理公開演講或和平地遊行示威，有秩序並溫和地爭取著婦女在政治與社會上應有的權益。但這些合理的參政訴求，表達得太溫柔了，抗議得太平靜了，從來沒有獲得英國政府的重視；一次又一次地被忽略、被擱置，甚至被嘲弄輕視。

一九〇三年，潘克斯特和她的三個女兒共同成立了婦女社會政治聯盟

（Women's Social and Political Union〔ＷＳＰＵ〕），她毫不客氣地揚棄了過去太過溫和的抗爭路線，開宗明義地要走嗆辣的激進路線。她霸氣地宣告著：「我寧願成為一個叛亂者，也不願當奴隸；我寧願死也不可能屈服；我要在這塊我生長的或我將被他們殺死的土地，當一個有投票權的選民！我對政府的挑戰是：『要嘛殺死我，不然就給我自由。』」

是女權先鋒，也是革命暴徒！

對於潘克斯特來說，過去用平和的方式來爭取投票權，永遠都是徒勞無功的。一次又一次的溫情喊話，只換得大眾的同情與政府的漠視。然而再多的同情，也無助於確切的法案修正，只要得不到投票權，討拍有什麼用？「行動勝於言語」，就是潘克斯特的名言，她要成為一個進擊的巨人！她所率領的ＷＳＰＵ將徹底地用身體實踐潘克斯特這句話。

一九〇五年十月ＷＳＰＵ發起了首次行動，潘克斯特的長女克莉絲特伯（Christabel Pankhurst，一八八〇～一九五八），和一位紡織女工特別前往曼徹斯特的自由貿易廳質詢議員。她們數度在會議上大聲詰問：「如果你們取得執政權，到底給不給女性投票權？」為此警方到場維持秩序，幾番勸戒她們應該保持淑女的優雅言行。這番說法挑起了克莉絲特伯的情緒，立刻對警察拳打腳踢。兩人隨後被捕，控以破壞秩序、阻礙交通與攻擊警員等罪名。法庭上讓她們選擇罰鍰或被監禁，她們悍然地拒繳罰金，從此以後坐牢成為ＷＳＰＵ成員的家常便飯。

跟警方扭打的場景，在今天台灣想來都不可思議了。如果你再用當時英國社會對於理想女性的標準看待這件事的話，哇！真是太暴力、太兇殘了啊！但你應該也能明白，雖然吵架跟動粗的樣子不好看，但是「會吵的孩子有糖吃」放在每個時代的社會運動都是真理。只有讓當局者面子越掛不住，做起事來越為難，握有權力的大人們才願意正視事態的嚴重性，才有機會達到訴求的目標啊！

接連因為抗議行動入獄的婦女們，在囚禁中以折磨自身的方式持續展現對抗政府的信念。你若不放我出來，那我就絕食抗議！曾有ＷＳＰＵ的成員在獄中高舉「放了我，不然就死給你看」的標語。當獄卒好聲好氣問她願意吃什麼晚飯時，她的回應是：「我的決心！」

當然，英國政府也不想要接受這群女權運動者的情緒勒索：哪有妳不吃飯，我就放妳回家的道理呢！後來在英國國王與內政大臣的指示下，獄卒開始進行手法殘忍的強迫餵食，他們強行插放餵食管到絕食者的鼻子裡，這種不符人道的做法，有時候會因對方的抵抗，不小心將管子插到犯人的氣管，造成難以復元的傷害。

這些恍如酷刑的對待，讓WSPU把抗爭的行動再度升級。

「為什麼女人不應該使用與男人相同的武器？我們不僅宣布了戰爭，我們正在為革命而戰！」

她們展開對公共設施與財產的破壞；她們放火燒郵筒，剪斷電報線，把櫥窗砸破，進而襲擊博物館的展覽品，還對指標性建築物進行縱火和炸彈攻擊，包括西敏寺、英格蘭銀行、愛丁堡皇家天文台、多個火車站與重要官員的官邸。根據當時的報紙報導，在一九一三年至一九一四年之間至少發生了三百多起縱火和爆炸事件。

這其中，有位WSPU的成員叫做艾蜜莉．戴維森（Emily Davison），用自

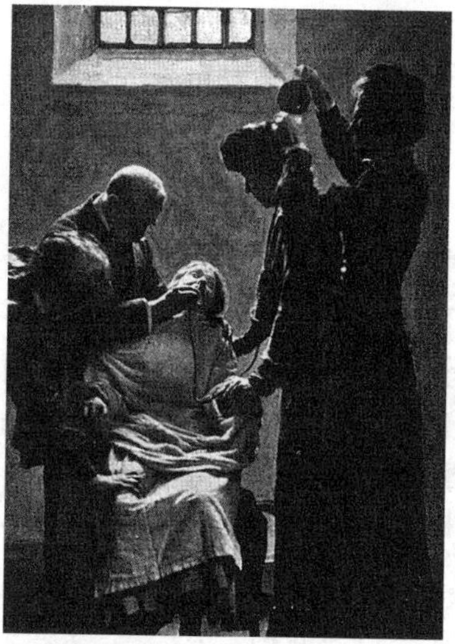

被強制餵食的婦女

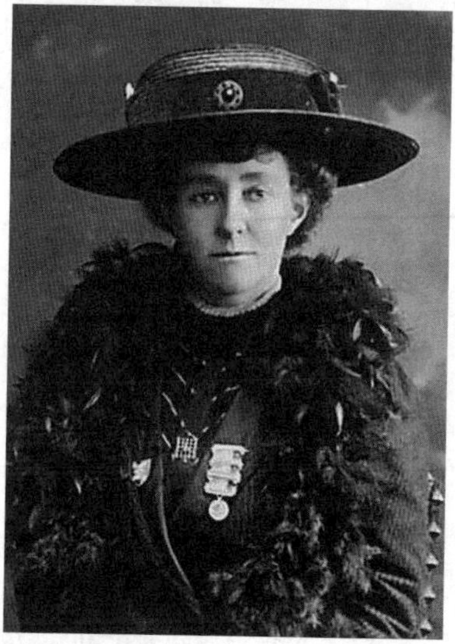

艾蜜莉．戴維森

己的生命衝撞，將整個抗爭行動掀起了一個悲壯的新高潮。她在一九一三年衝進了倫敦郊區的賽馬場，只為了抗議標語能被王室成員和所有記者看到，結果不慎被國王喬治五世的馬踏成重傷，在四天後不幸身亡，震驚了當時的英國社會。

後來她的遺體被運回倫敦，棺木上刻有「繼續戰鬥，上帝將給予勝利」，沿途有五千多名婦女組成遊行隊伍，只為護送這位為理想而犧牲的自由戰士最後一程。

天下天下，沒有什麼事會讓女人讓步的！

一九一四年，當第一次世界大戰爆發後，潘克斯特認為在戰爭的籠罩下，不適合繼續進行國內的抗爭，她呼籲追隨者共同保衛國家，先暫緩現有的激進行動。然而潘克斯特將她以前用於爭取女性投票權的精力和決心，轉而倡議婦女投入戰爭的愛國行動。她不僅組織集會，還到處巡迴演說，遊說女性同胞在男性參加海外戰鬥時，加入後援的勞動大軍，從事軍需用品業、醫療業、礦業、重工業等各種後勤業務，一方面可以在這大戰時刻，對國家存亡做出有力貢獻，一方面也持續透過身體力行，告訴社會大眾我們女人就是行！

這樣的動作，讓WSPU從政府的頭痛人物，變成與政府並肩作戰的堅強隊友；一九一三年，WSPU破天荒地收到當時擔任軍需大臣勞合．喬治所贊助的兩千英鎊，只為感謝她們持續發表演說鼓吹婦女加入戰時工作。

戰爭結束那一年，一九一八年，英國三十歲以上的女性首次獲得了投票權。十年後，一九二八年，潘克斯特去世，但也是這一年，英國的所有女性獲得了與男子平等的權利，只要年滿二十一歲就能擁有投票權。

潘克斯特被白金漢宮的警察逮捕（1914年）

從主動挑釁警方到獄中絕食抗議，再到街頭放火投擲炸彈，潘克斯特與她所領導的WSPU展現了女性也可以很強悍，毋須擺出一副楚楚可憐的姿態，來爭取大眾的同情，施捨女性投票權。她們積極地採用破壞公共秩序的方式，迫使大眾不得不跟她們站在一起，一同向政府爭取婦女參政權。

爭取女性權利，從不該只是女性的事。二〇一四年，飾演《哈利波特》電影妙麗一角的英國演員艾瑪・華森（Emma Watson），就曾鼓勵男性一同為女權努力，為HeForShe運動吹響了號角。二〇一七年社群網站發起的性別平權標籤活動「#MeToo」，也是期待能不分性別，共同為弱勢者發聲。

潘克斯特可以跟政府戰鬥，也可以跟政府合作；她在達到目標前，能夠堅韌，也願意彈性。有些批評者會放大她過於激進好戰的那一面，但WSPU的破壞性抗爭從來沒有傷及人身。潘克斯特的多面性告訴我們，女人可以不只是扮演妻子或母親，被固定安排成為一個溫順伴侶的角色，她也可以是一位無所畏懼的驍勇戰將，一位機智靈活的生命鬥士。

不論性別為何，我們都值得勇敢地拒絕我們不想要的命運。所以潘克斯特大方地邀請眾人一起努力為理想奮鬥。我們當然可以為了使自己更好，為了讓這個世界更美好而強力爭取，在兩性平權的路上，「如果不是我，那會是誰？如果不是現在，那會是什麼時候呢？」

番外篇

學校沒教的動物史

17

不是祥獸是魔獸
歐洲的龍

在台灣，哪一個十二生肖的年分新生兒最多呢？這個問題太簡單了，龍年無誤！

每逢農曆龍年，當年的寶寶產量就會激增。上回台灣一年新生兒人數衝破三十萬大關，已經是西元二〇〇〇年的事了。不用懷疑，那年就是龍年，有三十萬五千三百一十二個龍寶寶誕生。相較去年（二〇二〇年），全台灣的鼠寶寶產量一年只有十六萬五千二百四十八個。

為什麼會有這樣的龍年爆生現象？畢竟望子成「龍」是每個家長都殷殷期盼的未來。手牽手，心逗陣，把握好時機。只要龍年努力生，孩子親像飛龍飛上天。

龍在華人的傳統文化向來是吉祥興旺的象徵，祂不只是象徵祥瑞的聖獸，還是能呼風喚雨的神明。對於龍的崇拜長久以來都散布在東方世界的文化中，中國歷代的帝王會以「真龍天子」

自居，皇帝的肉體稱為「龍體」，穿的衣服叫「龍袍」。端午節大家划著「龍舟」，〈龍的傳人〉則從李建復一路傳唱到了王力宏。

就連西方國家試圖用「the four tigers of Asia」來統稱一九六〇年代到一九九〇年代期間台灣、南韓、新加坡、香港驚人的經濟成就。我們都還是硬要給人家翻譯成「亞洲四小龍」。反正有「龍」就是帥！tiger是什麼，我看不到。

但龍再怎樣威武神氣，也只能在東方世界繞柱、搶珠、騰飛，一進到西方世界，龍（Dragon）立刻變成拍咪仔。

在歐洲的傳說故事裡，龍是強大的，但同時也是危險而殘酷的毀滅者。牠們不被視為是可以祈求風調雨順的神明，而是會吞噬人類、破壞村莊的邪惡魔獸。

歐洲的龍長這樣

英語單字的龍「dragon」來自古希臘文，到了拉丁文時寫作：「draconem」意思就是巨大的蛇。由於歐洲的龍惡評居多，「draconem」在詞根的變化中，延伸出「draconian」、「draconical」這些單字，後來都成為英語中的形容詞，意指一些嚴酷地、僵化地，甚至是邪惡的壞東西。

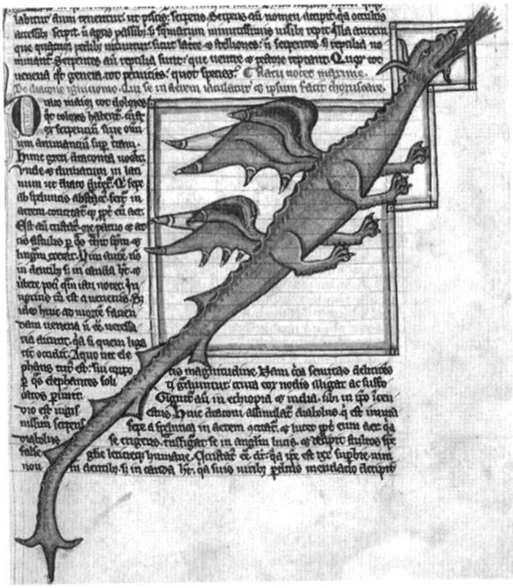

歐洲的龍通常被描繪成一種大型的有角有鱗片、會噴火的類蜥蜴形狀生物。通常還帶有像蝙蝠般的革質翅膀，具備四隻腿與倒鉤的尾巴。而龍的血液可能含有獨特的力量，可以使它們存活更長的時間，或者賦予牠們有毒或強酸的特性。

做為反派角色的龍，經常與試圖殺死牠的偉大英雄聯繫在一起。把龍殺掉就是驅除邪惡的象徵，因此在基督宗教發展的早期，許多的聖人都是以屠龍、殺龍聞名的。

但是龍到底是在歐洲怎麼崩壞的呢？說來可憐，牠從全世界最暢銷的書就開始崩壞，這本書就是《聖經》。

收錄在新約聖經的《啟示錄》是這樣記錄著：「看哪，一條火紅色的巨龍，有七個頭和十隻角，七個頭上戴著七個王冠。牠的尾巴拖著天上星辰的三分之一，把它們摔在地上。這龍站在那快要生產的婦人面前，要在她生產之後，吃下她的孩子。」

你們看，這龍才一登場，就怪形怪狀的，七個頭十隻角的怪物形象，這個龍設一點都不討喜，而且還拿到了欺負孕婦要吃小孩的劇本，壞到骨子裡去了。

接著，《啟示錄》繼續寫道：「米迦勒和祂的天使們與龍交戰，龍和牠的使者們也應戰，可是龍不能得勝，天上再也沒有牠們的地方了。於是那巨龍被摔了下來。牠就是那古蛇，被稱為魔鬼或撒旦。」

這段直接挑明那七頭十角的巨大紅龍就是撒旦的化身。完了！都講得那麼明白了，龍在歐洲注定不能翻身啦，什麼龍飛鳳舞、攀龍附鳳，都沒你的分了。

人家《聖經》可是盤踞歐洲歷史排行榜，永遠的暢銷書冠軍，就算沒讀書的歐洲人看不懂，遍布各地的大小教堂也隨時備有一票神父搶著為你宣道講解。

在《聖經》以反派角色登場的龍，隨著基督教勢力的擴張，接下來在西方歷史只能繼續壞下去，等著一個個英雄們來屠殺牠。

屠龍英雄聖喬治

所謂的「勇者鬥惡龍」不只是一款日本國民等級的ＲＰＧ遊戲，更是中世紀許多歐洲傳奇的敘事主題。

其中，知名度最高的屠龍英雄就屬英格蘭守護聖人聖喬治（Saint George of Lydda）。祂的生卒年不詳，但據推測應該是生活在西元三世紀左右的一位羅馬士兵。

傳說中，有一頭龍在利比亞塞利尼城的唯一水泉旁築巢，牠渾身散發毒氣，並時常捕食附近的居民。為了安撫惡龍便於取水，居民們每天都要將兩頭羊獻祭給惡龍。

但是當城裡的羊都丟給龍吃光後，只好用活人來替代。為了公平起見，每天都要抽籤決定人選。有一天國王的女兒可能水星逆行、諸事不順，就被抽中了！國王雖然願意付出大筆金錢提供給替代的人選，但人民果斷拒絕。於是這位衰運當頭的公主被送到湖旁準備獻祭給龍。

而英雄總是很會挑時機出場，早不來晚不來，就在龍要把公主吃掉那一瞬間，聖喬治精準地亮相登場：祂騎著馬帶著長矛衝鋒，瞬間就將龍刺成重傷，然後祂向公主要了她的腰帶，繫在龍的脖子上，像狗鍊似地，吃人的惡龍就這樣乖順地被聖喬治牽著走。

隨後，聖喬治將龍和公主一起帶回了塞利尼城。民眾看到這條龍進到城內，嚇得目瞪口呆！這時聖喬治很順勢地做起基督教大外宣：「如果你們同意受

屠龍英雄——聖喬治

洗為基督徒，成為上帝的子民，我就願意幫你們殺死這條龍。」

完全不需要考慮，塞利尼城的所有居民包含國王、公主，一萬五千人立刻答應改信基督教。

聖人真的很會吧！不但武力值爆表，能秒殺惡龍，公關行銷技巧也很好，一個適時業配，就收割一萬五千個信徒。

但真正有趣的是，這個屠龍救美的故事首次文字紀錄其實出現在聖喬治死後八百年，十一世紀的文獻中。

真實的聖喬治大概連龍是什麼都沒見過，但屠龍的故事隨著十字軍東征騎士與商旅的往來，從小亞細亞傳到歐洲，故事說得越來越浮誇，聖喬治的英雄事蹟越寫越傳奇……反正你懂的，真的假的對故事來說沒那麼重要，重要的只是好聽。

而在第三次十字軍東征的時候，那個驍勇善戰的英格蘭獅心王理查（Richard I，一一五七～一一九九）來到傳說中聖喬治殺死惡龍的地方，在這裡與穆斯林展開激烈會戰，並取得一場難得的大勝利。

英格蘭人認為這一定是聖喬治顯靈，默默地支持著基督徒護持了他們的勝利，即使出生在土耳其的羅馬士兵聖喬治，在歷史上似乎從來沒有到過不列顛。

英格蘭人鐵了心就認定聖喬治是他們的愛豆（idol）。聖喬治就此漂洋過海成為英格蘭的守護聖人。

而英格蘭對於聖喬治的崇拜，並沒有隨著十字軍東征的熱潮結束而消散。整個歐洲都知道英格蘭對聖喬治的熱愛。一五〇四年，英王亨利七世授予位於義大利的烏爾比諾公爵一枚「嘉德勳章」，公爵為答謝英王的恩典，找了文藝復興男神拉斐爾，委託他繪製了一幅歌頌英格蘭守護神聖喬治的畫作。比較尷尬的是，這幅畫現在不是由大英博物館所收藏，而是放在法國巴黎的羅浮宮。

哎喲！沒事幹嘛挑起英法情結呢?!回到屠龍英雄的傳奇，縱然聖喬治早已不是原本的聖喬治了。結合騎士救美、聖人傳道、勇者鬥惡龍的華麗腳本，充滿智慧勇氣又有正義感的聖喬治形象，讓英格蘭愛不釋手。自西元一二二二年議會宣布四月二十三日為「聖喬治節」，直到今天仍然是專屬於英格蘭的國慶日。每年的這一天，英國到處可見白底紅十字的聖喬治旗到處飄揚。（英格蘭國旗即被稱為聖喬治十字旗。）

獅心王理查

從北歐神話到現代奇幻文學

撇開在聖經系統被黑化的魔鬼惡龍形象，龍在北歐神話還是黑色的。

比《聖經》啟示錄歷史更悠遠的北歐神話，他們家的龍有個鼎鼎大名叫做尼德霍格（Nidhogg），牠是一頭黑色巨龍，住在世界樹的根部附近。

在北歐神話的宇宙觀裡，世界樹的枝幹構成整個世界，連接了九大國度，分別是：

人界
阿斯嘉特：雷神索爾和他爸奧丁的老家
華納海姆：另外一批神族的家
赫爾海姆：冥界
尼弗海姆：霧之國
穆斯貝爾海姆：火之國
約頓海姆：巨人之國
亞爾海姆：光之精靈國
斯瓦塔爾法海姆：夜之精靈國

世界樹的樹根分別伸向了三個國度，其中最粗大的部分在霧之國，於扎根之處，有一道永不枯竭的泉水，是宇宙所有河流的源頭，黑色巨龍尼德霍格就住在這裡。以牠為首率領著一群毒蛇盤踞在世界樹的根部，牠們每天只做一件事，就是咬樹根。

啃啊啃，咬啊咬，直到尼德霍格把世界樹的樹根完全咬斷，就會啟動「諸神的黃昏」：眾神與巨人將展開激烈末日之戰，雙方戰到血流成河，尼德霍格則鼓動雙翼，在屍橫遍野的戰場上飛翔，直到整個宇宙毀滅，只剩死寂的沉默和永劫的黑暗。

有人說，尼德霍格是個天然呆，一心只想把世界樹推倒，這麼萌的說法，只能拿去寫同人小說了。對於絕大多數歐洲人來說，尼德霍格就是頭帶著滿滿惡意啃蝕宇宙的滅世黑龍。直到第一次世界大戰協約國的政治漫畫，仍然用黑龍象徵著「邪惡」的對手德國。但，你能用「龍」貶低我，我也可以啊！納粹德國在第二次世界大戰的宣傳海報上同樣出現過這樣的畫面：德軍手持閃電、手榴彈與寶劍將惡龍（象徵同盟國）一一斬殺！

很幼稚對吧?!在科學發達的現在，我們都曉得「龍」是無辜的。做為一種

一戰時將「黑龍」喻為邪惡對手的政治漫畫

只存在於人類想像中的動物，龍可以是祥瑞尊貴的象徵，如東方世界的認同；龍也可以是殘暴作惡的兇獸，一如西方世界的論述。牠可以有翅膀，也能無翼就得以騰雲駕霧，一切任憑我們的形塑。

於是在今天，「龍」成為奇幻文學作品的最愛。

現代奇幻文學的開山祖師爺托爾金，筆下的《魔戒》、《哈比人》創造了一個複雜精細的全新世界，有著矮人、精靈、騎士、巫師、半獸人、龍族穿梭其間。大師筆下的龍集結了西方神話與傳說的大成。所以，龍還是很壞，有著高智商與強大火力的龍族，對於寶藏的貪婪狂熱，對其他種族的不屑輕蔑，動不動就要大開殺戒。

美國奇幻文學作家勒瑰恩的《地海六部曲》，書中有英雄有冒險有魔法有龍，但勒瑰恩筆下的龍形象大幅翻轉。人與龍本為一族，後來協議分開各走各的路：「人選擇重負，龍選擇雙翼；人選擇擁有，龍選擇捨棄。」龍與人的關聯糾纏不清，有時候讀著讀著你會分不清楚，哪些是人性？哪些是龍性？

ＨＢＯ最夯的影集《冰與火之歌：權力遊戲》，則改編自美國作家喬治．馬丁的奇幻作品。劇中的龍女在她的第一任丈夫卓戈卡奧的火葬堆裡，孵出了三條龍。從此成為爆氣女王！一個不爽喊聲：「Dracarys！」（龍焰），敵人就被燒得灰飛煙滅。開外掛的龍女只要一路噴射火焰飛過去，戰場上幾近無敵。劇中的各大家族雖各有迷人之處，但沒有一家像龍家這種完全輾壓式的戰鬥暴力讓影迷看得更爽了。

在不同文字的敘事下，我們完成了許多我們對龍的想像與期待。從強大難以摧毀的邪惡存在，我們開始與龍共生共存難分彼此，又或是能駕馭著龍，運用著龍的威力去征服世界。想像力能帶著我們與龍共舞，將龍發展出無限的平行宇宙。

這或許也可以反映在我們對於孩子的一種彈性期待吧！十二生肖裡面只有龍是虛構的動物，每個龍寶寶，都可以有自己的樣子。其實，每個人也都是。

18

有貓不一定給推
貓的悲劇

想要在網路上發篇廢文，還能夠被推爆，就是曬貓了，哪次不曬了?!

反正可愛就是正義，有貓就是給推，喵星人如今已經稱霸地球，萌遍各界鄉民。連身為絕對狗派的我，在路邊隨便遇到一隻貓，也會毫無節操地擼個幾把，管牠是哪來的貓，先摸就對了！

但貓生也不是一路順風順水，在貓貓與人類爭奪誰是主子的歷史上，曾經有過精采的鬥爭。

在歷史上貓貓們最風光的時候，這群喵星人將古埃及人馴服成世界上最純的第一批貓奴，牠們成功取得埃及國寵的崇高地位。

不知道是貓貓的眼神太萌，還是肉球太可愛，總之古埃及人完全被貓貓們徹底收編。他們相信貓是主管暗黑冥界的主人，牠們是可以擊退黑暗，帶領人類重見光明的拯救之神。養貓這件事，就等於供奉一尊神明在家啊！貓，肯定是埃

埃及人相信，貓是主管暗黑冥界的主人。

及人家裡的主子無誤。因此在古埃及時代，當家裡的貓咪過世，全家人會一起痛哭流涕，哭到主子製成木乃伊，並且要等到貓主子有確定被慎重安葬後，家人的眼淚才能安心收起來。

在貓的盛世——古埃及文明消亡後，貓貓似乎比較難說服希臘羅馬人牠是神，奧林匹亞的神殿上，並沒有貓的一席之地。但還好牠們憑藉著天生的狩獵本事，在希臘羅馬時代依然吃得開。做為捕鼠高手，憑藉一技之長的貓咪就業機會沒有少。

不過，接下來，再萌的貓，眼神也都會黯淡了起來。我們即將進入史上貓生最難的時代：歐洲中世紀。

貓若回頭，不是貓砂就是罐頭

養狗的人都懂得享受到家時的尊榮感：門都還沒開，狗就會興奮地在家裡又跑又叫，等著開門後朝主人直撲而來。接著進到家後，迎接主人的就是那副又舔又蹭的討好嘴臉。做為人類最好的朋友，狗永遠用滿滿的熱情讓你充分感受到你就是那世界上最重要的人！

貓呢？你可能回到家後，還要花點時間翻箱倒櫃地找尋牠的蹤影。如果貓會在門口等你，那肯定不是奇蹟也不是愛，純粹就是為了罐罐。

高冷的貓，永遠陰晴不定；討摸不是日常，而是特例；行動神秘，悄無聲息地來去自如；經常保持獨立的疏離感，有時甚至與你對作：打翻你的馬克杯，躺在你的筆電上，以及最愛霸占你正在追劇的大螢幕。

是的，你是不是也察覺到貓貓們應該是故意的？牠們因製造一些痛苦給人類而感到愉悅。

這種心情，中世紀修士也懂。有紀錄顯示，在日耳曼地區有個修道院，因一隻貓在修士抄寫的手稿上撒尿，破壞了可能需要數週的工作。修士感嘆地寫下：「這裡什麼都沒有弄丟，但是貓貓在某個晚上尿尿了……請之後值班的人要注意：不要在夜晚留下打開的書，以免有貓特意過來撒尿。」

貓這種捉摸不定的特性，就是讓中世紀基督徒感到焦慮的原因。《聖經》裡面提到上帝創造了人類與動物，而人類負責「管理海裡的魚、空中的鳥、地上的牲畜，和全地，以及地上所爬的一切昆蟲」。

狗沒有問題，可以為人類服務並受到人類的管理控制，但貓不行。由於貓經常挑戰人類世界的秩序，很多貓奴都會問：「到底貓都在想什麼啦？」

那你有沒有想過，會不會你的貓其實不是你的貓？

十五世紀的約克公爵曾總結了許多中世紀人們的想法，寫道：「如果有一隻野獸擁有魔鬼的靈魂，那一定就是貓了！」

魔鬼的化身：就是這樣，喵~

貓：原諒我這一生不羈、放縱、愛自由~

基督徒：NO！

過於任性的貓貓，無法被人類完全控制，就好像叛逆的撒旦永遠都在跟上

格列戈里九世

帝唱反調，就好像異教徒持續地挑戰羅馬教廷難以被馴化。

於是貓在中世紀始終與異端邪教有著象徵性的連結。

舉例來說，在歐洲歷史上一直很黑的猶太人，與貓就有著緊密的關聯。據說猶太人很崇拜貓，並且能夠變身貓潛入基督徒的家庭進行惡作劇或施展咒語。他們還會故意地將貓釘死在十字架上，用來嘲笑耶穌基督的死亡。

再來，由於貓是夜行性動物，喜歡晝伏夜出，也因此被視為是女巫的助手甚至是女巫本人的化身。你想一下，是不是動漫或遊戲裡，女巫幾乎都跟貓咪搭在一起，到底有哪個女巫會養柴犬或拉不拉多？

對貓最致命的一擊則來自於羅馬教宗格列戈里九世（Gregory IX，一一四五～一二四一）所發布的一份官方文書《拉瑪之聲》（Vox in Rama）。

這是一封譴責異端信仰路西法教派的信件，教宗在派人調查後，發現日耳曼地區盛行一種撒旦邪教，他們有著神秘可怕的儀式。信件中教宗記錄著：「這些異教徒們會在一隻蟾蜍的帶領下進入他們的秘密集會所。會所的中心供奉著一尊黑貓的雕塑，這座雕塑將在信徒的集體祈禱與念力下逐漸取得生命能量，當牠復活時，牠會豎著尾巴在人群中倒退行走。此刻瘋狂的信徒們便匍匐在地上，輪流親吻著黑貓的肛門及尾巴。」

先不管這段敘述是不是過於魔幻離奇，我們也都略懂中世紀的人們心中向來只有上帝，沒有邏輯。總之，黑貓怎麼會復活呢？這一定是魔鬼！怎麼可以親吻黑貓的屁屁呢？這群信眾一定是變態！那就黑貓與信眾，統統燒毀！

又來了！一言不合就燒毀，哪次不燒毀了？

於是在那個獵巫年代，貓跟女巫都是受害者，形成了長達數百年的貓大屠殺。

法國紀念聖徒施洗者約翰的節日——聖約翰紀念日，每年的六月二十四日會在廣場點起篝火，人們會圍在篝火四周跳舞，然後將一些具有魔力的東西丟進火堆，藉此驅煞祈福。而中世紀時，法國人流行把貓丟進去。

比利時的小鎮伊普爾（Ypres）則有個拋貓節。每隔兩年的五月第二個星期天，中世紀的民眾會沿著鎮上的中心街道遊行狂歡，在活動的最高潮時，他們來到城鎮的塔樓頂端，將貓從塔上扔下來活活摔死！他們相信這個儀式能有效驅逐附在貓身上的邪靈。

如果對生物有點概念的人，就會知道當大自然的食物鏈失去了平衡，有些災難就會發生。當大量的貓被歐洲人消滅掉後，有些動物就會很快樂。譬如：老鼠。

中世紀後期黑死病的猖獗，有些學者認為跟歐洲貓的數量銳減有關。沒有了天敵的壓力，老鼠的繁衍更是肆無忌憚，老鼠數量的爆發性成長，成了對這群虐貓民眾最可怕的報復！

不過，就算疫情的肆虐造成歐洲人口大量死亡，也沒有讓當時的人們醒悟他們在生物學上的錯殺。他們反而相信這場鼠疫是上帝給予人類的懲罰，厄運的降臨都是由於人世間上的邪惡與罪孽太多了。所以我們繼續殺貓吧！把那些魔鬼的化身，邪惡的代表殺光光吧！

咩噗，難得生物老師比歷史老師更想哭。

哎呦喵喵喵喵喵

我們稍微讓貓喘口氣，轉換一下地理場景好了。

同樣都是中世紀，出生在伊斯蘭世界的貓貓們，日子就舒服多了。

相較於一生志願是把自己弄髒的狗狗來說，貓貓們很愛乾淨，懂得定點排泄，還會自己把便便埋起來，每天忙著洗手又洗臉。這麼懂事的貓貓們在伊斯蘭世界是純潔的象徵，是比起狗或其他「不潔」的動物們，更適合與人類共同生活的寵物。

而貓在伊斯蘭世界這麼受歡迎還有個原因：先知穆罕默德有位重要的追隨者叫做阿布．胡拉拉（Abu Hurairah），這個名字在字面上的意思是小貓的父親。他生前許多的故事都跟貓有關，他每天定期餵養清真寺附近的貓，因此只要他出門的時候，身邊都會有一群貓貓亦步亦趨地跟著他。他的愛貓們還曾經扮演過超級英雄，拯救先知穆罕默德讓他免於被蛇咬傷。

因此當整個基督教世界因為教宗的《拉瑪之聲》開始對貓貓們群起撻伐時，沒過多久，埃及開羅的一位有錢蘇丹就蓋了座貓庇護所：來！攏來！基督教世界不歡迎你們，那就統統過來我大伊斯蘭的懷抱。

直到今天，整個伊斯蘭世界依然對貓非常友善。土耳其甚至有句諺語說：「如果你殺了一隻貓，你就必須建造一座清真寺來請求神的原諒。」

你們說，貓是不是真的挺會的?!雖然暫時在基督教世界被窮追猛打，但在中東又收服了穆斯林的心。世界的歷史就是一部貓咪到處收編人類的歷史吧。

不過，我也必須公平地說，不是整個中世紀基督教世界都失心瘋地把貓往死裡打。貓貓們的獵鼠功力與傲嬌萌樣，真的能打發太多無聊的修道時光了。英格蘭的埃克塞特座堂（Exeter Cathedral），在一三〇五年至一四六七年的帳目明細表內，都有罐罐（貓糧）的支出紀錄。

到了十五世紀，大航海時代，貓貓們在船上更是可以大顯身手，搖身一變就成了水手的寶貝！

關於貓能上船打工這件事，並非是因為貓能幫忙掌舵揚帆，而是由於遠洋探索的航行時間長，補給困難。因此船上總是要裝載著大量的食物，有食物就會吸引老鼠一起上船。老鼠吃食物也就罷了，牠們還很會就地取材，直接大啃船板來磨牙。在木造的帆船時代，船體重要的梁柱龍骨如果被啃壞了那還得了！

除此之外，由於船體是完全的封閉空間，老鼠的糞尿又容易傳播疾病，一人中獎全船染病，只能在茫茫大海上一起生不如死。

這時候，若能帶隻貓上船不是太棒了嗎？牠們能幫忙把老鼠吃掉，可愛又手賤的一舉一動更能讓船員們轉移長期航海的苦悶狀態。看看大海再看看貓，心情都好起來了呢！那就每艘船都至少來一隻吧！貓貓們就這樣成了大航海時代遠洋航行的固定裝備。

即使到了第二次世界大戰時都發展出航空母艦了，船上重要的線路與電纜仍然有可能被老鼠咬斷，引起短路或電線走火的麻煩。所以在二戰期間，幾乎大多數的歐洲軍艦上仍然配有專屬艦貓，趁著戰鬥間隙順便擼個貓想必也是海上日常。

邱吉爾與威爾斯親王號上的黑貓（1941年）

直到二〇一七年，俄羅斯國防部還有在推特發布一張艦貓成功隨隊返航的消息。這隻艦貓搭乘「彼得大帝」號核動力巡洋艦遠征敘利亞，總航程約一・八萬海里（相當於三・三萬公里）。其實現代軍艦基本上是全金屬結構，已經沒有再養貓抓老鼠的必要了。不過俄羅斯當地的媒體講到重點：讓貓上船最重要的目的：「牠們的呼嚕聲，可以安撫船上的士兵。」

有時候，我們人類就只是寂寞而已。

誰救贖了誰

中世紀對貓的迫害直到啟蒙運動後，終於有了緩解。啟蒙運動相信人類的理性，也同時試圖屏除人類的不理性。

那個把貓等同為撒旦的化身、女巫的魔寵的時代就要過去了。啟蒙運動鼓勵人們可以因為「我養貓，所以我快樂」這麼單純的理由把貓留在身邊。

沒有屠戮，只有陪伴。

率領英國進入「日不落帝國」時代的維多利亞女王（Queen Victoria，一八一九～一九〇一）則成為新一代貓奴。說起來她會愛上貓的理由，實在很歷史。隨著埃及的象形文字在十九世紀陸續被破譯後，古埃及的研究熱潮在歐洲蔓延開來，太多精采的故事與出土的文物，迷倒了許多歷史考古愛好者，包括維多利亞女王本人。其中，埃及人對於貓的熱愛與崇拜，成了維多利亞女王向古文明致敬的選項，她因此養了兩隻貓。也因為女王對貓的熱情，讓許多想養寵物的英國人，也將貓做為首要選項。

終於，歷史繞了一大圈，貓貓又恢復了牠們在人類社會中的古老地位。

二〇一五年位於美國印第安納州的彭德爾頓監獄（Pendleton）與動物保護團

體合作，推出Forward計畫，將一些曾被人類遺棄或遭受虐待、較難馴服的浪貓引進到監獄。

這個計畫期待讓受刑人照料貓咪的日常，讓曾受過傷害的貓可以增加對人類的信任感，也希望透過陪伴貓咪的過程，讓受刑人承擔照顧一個生物的責任，能夠從中學習付出與給予。在浪貓與人類互相救贖的過程中，彼此修復過去的傷痕，重拾愛與信任的可能。

狗派的我常在想，為什麼貓在這個世代好像更受歡迎了？可能，我們人類活得更孤獨了。一支手機在手就好像擁有全世界，似乎打造出了自己的小小宇宙。我們不想要被誰黏著，也更不喜歡出門了，但又難免渴望著某種與生命間的依戀溫存。

那就決定是你了，喵～

儘管大多時候彼此各活各的，但有需要的時候你給我罐罐，我讓你摸摸。生活似乎沒有什麼是吸一口貓不能解決的問題，如果有的話，那就再吸一口吧！

國家圖書館出版品預行編目資料

這樣的歷史課我可以：歐美近代史原來很有事2 / 吳宜蓉作. -- 初版. -- 臺北市：平安文化, 2021.09 面； 公分. -- (平安叢書；第693種)(吳宜蓉作品集；02)
ISBN 978-986-5596-36-1 (平裝)

1.世界史 2.近代史

712.4 110012591

平安叢書第0693種
吳宜蓉作品集 02

這樣的歷史課我可以
歐美近代史原來很有事2

作　者—吳宜蓉
發 行 人—平　雲
出版發行—平安文化有限公司
台北市敦化北路120巷50號
電話◎02-27168888
郵撥帳號◎18420815號
皇冠出版社(香港)有限公司
香港銅鑼灣道180號百樂商業中心
19字樓1903室
電話◎2529-1778　傳真◎2527-0904
總 編 輯—許婷婷
責任編輯—蔡維鋼
美術設計—王瓊瑤
著作完成日期—2021年5月
初版一刷日期—2021年9月
初版六刷日期—2024年7月
法律顧問—王惠光律師

讀者服務傳真專線◎02-27150507
電腦編號◎551020
ISBN◎978-986-5596-36-1
Printed in Taiwan
本書定價◎新台幣320元/港幣107元